T0178815

Cómo saber si estás...
A DOS PASOS
DE LA LOCURA

Cómo saber si estás...
A DOS PASOS
DE LA LOCURA

Silvia Olmedo

AGUILAR

A dos pasos de la locura

Primera edición: febrero de 2019

© 2018, Silvia Olmedo

© 2018, derechos de edición mundiales en lengua castellana:
Penguin Random House Grupo Editorial, S. A. de C. V.
Blvd. Miguel de Cervantes Saavedra núm. 301, 1er piso,
colonia Granada, delegación Miguel Hidalgo, C. P. 11520,
Ciudad de México
© 2019, de la presente edición en castellano:
Penguin Random House Grupo Editorial USA, LLC.
8950 SW 74th Court, Suite 2010
Miami, FL 33156

www.megustaleerenespanol.com

© Silvia Olmedo & Furtivamente.com, por el diseño de portada
© Furtivamente & Silvia Olmedo, por la maquetación y diseño
© Pavel Anton, por la fotografía de portada e interiores
© Juan Peralta, por la caracterización de portada
© Silvia Olmedo & Organicontent, por los ideogramas
© Javier Nuño, por el diseño de modelos

ISBN: 978-1-949061-41-3

Impreso en Canadá – *Printed in Canada*

Penguin
Random House
Grupo Editorial

A la persona que creyó en mí
antes de que yo lo hiciera,
Ernesto García Olmedo.

Te quiero, Tito

ÍNDICE

INTRODUCCIÓN

Hablar de locura es para muchos algo lejano, lo ven ajeno a ellos e incluso hay quienes lo asocian con gente débil. Si nos centramos en la definición del diccionario, locura es "la privación del juicio o razón", así que no es difícil entender que prácticamente la mayoría vamos a vivirla en carne propia alguna vez en nuestra vida. Pero, ¿por qué nos da tanto miedo que nos digan que estamos desequilibrados o que tenemos un trastorno mental? Probablemente se debe al gran desconocimiento, o mejor dicho, a la atroz distorsión que se ha hecho durante siglos de los padecimientos emocionales y mentales.

Desde la Edad Media la pérdida de la razón se asociaba a una pérdida del ser, de la identidad, se creía que la persona estaba poseída por el demonio y cualquier relación con ésta implicaba ser atrapado y llevado a su infierno. Este prejuicio ha contribuido a la estigmatización, sufrimiento, secretismo y aislamiento de muchas personas con problemas mentales que con la ayuda oportuna hubieran superado ese bache emocional, ya que más que estar poseídas, su mente había tomado caminos que no acostumbra.

Desafortunadamente estos prejuicios no han cambiado tanto como quisiéramos y aunque los que sufren de un padecimiento mental ya no son confinados al aislamiento, el desconocimiento y la vergüenza les lleva a encerrarse más en su dolor.

Y es que nunca ha sido más fácil perder la cordura como hoy en día. El suicidio se ha vuelto una de las principales causas de muerte entre los jóvenes. ¿Te imaginas el dolor que debe sentir alguien para decidir acabar con su vida? Y lo peor es que todavía hay gente que tras conocer la noticia de que algún famoso se suicida dice: "No entiendo, si lo tenía todo", fomentando así que si alguien cercano padece de depresión, se sienta más incomprendido y obviamente desmotivado para pedir ayuda.

Las redes sociales tampoco contribuyen a que seamos más conscientes de estos padecimientos, sobre todo con la cantidad de motivadores "online" sin prejuicios y con ganas de hacerse ricos que proliferan en la red. Gente oportunista que aprovecha la vulnerabilidad de otros para grabar un video en el que en lugar de aconsejar que acudan a un especialista recomiendan "echarle ganas". Desafortunadamente desconocen que para "tener ganas", tiene que haber motivación y eso es de lo que carece una persona deprimida.

Otros juegan con una persona que tiene un trastorno obsesivo compulsivo a cambiar de lugar algunas cosas de su habitación, sin saber que eso les puede detonar un ataque de ansiedad. La broma de poner a alguien con fobia a las arañas uno de estos bichos en el hombro, aunque sea pequeño, puede hacerlo reaccionar abruptamente hasta el punto de saltar por la ventana para evitar enfrentar algo tan terrorífico para él.

Como ves, cualquiera la mayoría de las veces puede hacer sufrir a una persona por falta de conciencia y no por malas intenciones. Las películas de terror nos han hecho creer falsamente que es más probable que nos ataque un esquizofrénico (pacientes que bien tratados no representan un peligro) que un psicópata integrado, los cuales realmente pueden causar estragos en nuestras vidas como ya describo en la sección dedicada a ellos.

Debo confesar que los psicólogos y psiquiatras hemos hecho un flaco favor al entendimiento de la salud mental, esto se debe a que dependiendo del enfoque del especialista le daban distintos nombres a los mismos padecimientos, haciendo las cosas aún más confusas.

También es errónea esa concepción que tiene la gente de que el psicólogo o el psiquiatra es alguien que sabe lo que piensas y podrá hacerte un exorcismo y sacarte el "loco" que llevas dentro. La realidad es que hay que verlo como un experto en salud mental, tú necesitas de su conocimiento y él de tu voluntad.

Este libro es un viaje al mundo de los padecimientos emocionales y mentales, sus detonantes y sus síntomas. He tenido que prescindir de mucha información, que aunque era enriquecedora, implicaría hacer un libro de tal tamaño que haría muy difícil que llegara a tus manos. Con mis pequeñas aportaciones deseo, que si lo que has leído te ha parecido interesante, te animes a buscar y enriquecerlo con la bibliografía adicional que he incluido.

Quisiera acabar con esa idea generalizada de que los padecimientos mentales son como la caja de Pandora que al abrirse desata los vientos más oscuros de nuestro ser. Nuestra mente no es una caja negra blindada, sino una librería en la que a veces, por distintas razones, los libros se han desordenado o se necesita mover una estantería.

Entender mejor el mundo de la salud mental y emocional es vital para sentirnos empoderados y aceptar que alguna vez también nosotros necesitaremos ayuda. En ningún caso este libro puede sustituir a un experto, todo lo contrario, pretende precisamente desestigmatizar el miedo y vergüenza por acudir a él.

Si sientes que no puedes respirar bien, nadie duda en que consultes a un neumólogo, pero si tienes un desequilibrio mental o emocional y no lo arreglas solito eres un fracasado. Entre estos padecimientos también hay niveles de severidad, igual que no es lo mismo un simple catarro que una neumonía, en las enfermedades mentales también hay un gran rango de padecimientos que van desde los más leves hasta los que pueden llegar a requerir que seas hospitalizado.

Con este libro descubrirás si podrías tener una personalidad anancástica, si estás en riesgo de padecer depresión, un trastorno bipolar o si lo que tienes, más que una superstición, es un trastorno obsesivo compulsivo. También te cuestionarás si esa obsesión por el gimnasio podría ser vigorexia o si tu timidez podría deberse a una fobia social. También acabarás con ciertas ideas erróneas relacionadas con la esquizofrenia y la demencia, y comprenderás hasta qué punto tener el infortunio de que se cruce en tu vida un psicópata integrado puede llevarte a la locura.

Negar la existencia de un padecimiento es hacerlo más grande. Perder temporalmente la razón por un aconteci-miento externo o por un desequilibrio químico u hormonal puede ser una oportunidad para salir más fuerte. Puede detonar tu reinvención, servirte para ordenar "tu librería emocional" o para aceptar que ese "libro extraño" viene para volverse parte de tu vida.

Un padecimiento mental o emocional no es una senten-cia sino una advertencia de que eres único y vulnerable y, como todos, tú también estás a dos pasos de la locura.

LO QUE TIENES QUE SABER

LO QUE LOS PSICÓLOGOS Y PSIQUIATRAS DESEAN QUE SEPAS

Quién no se ha perdido en ese sinfín de nombres como psicosis, neurosis, síndromes, enfermedades, trastornos o desórdenes mentales. ¿A ti también te ha pasado? Pues todos hacen referencia a diagnósticos relacionados con la salud mental y emocional.

Cuando te dice un psicólogo o psiquiatra que tiene que hacerte un diagnóstico, al igual que en medicina, requiere de un proceso que toma un tiempo y en el que la persona tiene que tener paciencia.

> *"Para diagnosticar, por ejemplo, un asma, hay que hacer varias pruebas al paciente para descartar que no es una alergia ni una infección. Entienden que tienen que pasar por varios expertos después de ir al médico general. Pero van al psiquiatra o al psicólogo y creen que con eso es suficiente para darles un diagnóstico exacto." (Psiquiatra)*

En medicina, tu doctor de cabecera o de urgencias hace un filtro de los síntomas que le hacen sospechar un diagnóstico probable y por eso te manda a un especialista que puede canalizarte a otro que es el experto en tu padecimiento.

Pues en psiquiatría y psicología ocurre lo mismo e inicialmente un diagnóstico puede tener un valor orientativo. Los especialistas lo utilizan como un elemento de referencia para comunicarse con otros especialistas y hacer un diagnóstico final al paciente. La edad, el estado de salud, el entorno sociocultural, el estado civil, el país, el entorno familiar o su trabajo dan como resultado un diagnóstico único para cada paciente y consecuentemente su tratamiento.

> *"El diagnóstico es el nombre pero lo importante son los apellidos, no es lo mismo Silvia Olmedo que Silvia Robledo. ¿Son dos personas distintas, verdad? No puedo tratarlas igual. Pues así pasa en psicología."* (Psicólogo)

Por eso es tan común el dicho: "No hay enfermedades, hay enfermos", porque de un mismo diagnóstico, el pronóstico o manera en que puede evolucionar la enfermedad puede ser muy distinto.

Neurosis, psicosis, trastorno... ¿Por qué tantos nombres?

Aquí empiezan las dificultades, habiendo tantas corrientes de psicología, muchos llaman de manera distinta a problemas o padecimientos parecidos. Si vas al psicólogo o al psiquiatra, dependiendo del nombre que utilice para decirte lo que te pasa, te vas a preocupar más o menos, ¡aunque muchas veces estén hablando de lo mismo!

Normalmente, aunque esto no es una regla, las palabras desorden, trastorno y neurosis se relacionan con un padecimiento menos grave; mientras que cuando se habla de psicosis o enfermedad mental, se refieren a un padecimiento más grave y con un componente más biológico.

Por otra parte, la palabra inglesa *disorder* se traduce de dos maneras distintas: desorden y trastorno, siendo éste último el que hace pensar que un padecimiento es un poco más grave.

¿Cuándo acudir a un psicólogo y cuándo a un psiquiatra?

Seguro que alguna vez has tenido un problema emocional o reaccionaste de manera desproporcionada dejando desconcertados a tus amigos. Sabes que algo te pasa pero no tienes ni idea de a quién pedir ayuda: ¿vas a un psicólogo o un psiquiatra? Y es lógico que dudes, ya que ambas disciplinas tienen como objetivo la salud mental y emocional de la persona, pero sus abordajes son distintos.

Aunque no lo creas, tanto la psicología como la psiquiatría son disciplinas científicas, digo aunque no lo creas porque hay mucha gente que piensa que la psicología es algo esotérico o mágico y la relaciona con alguno de sus comienzos y no con la psicología actual.

"Me dijo, eres psicólogo, seguro que sabes lo que pienso. Soy psicóloga pero no vidente." (Psicóloga)

Tanto la psiquiatría como la psicología son disciplinas científicas y ambos especialistas han tenido que estudiar una carrera universitaria superior. El psiquiatra tiene la licenciatura en medicina con una especialidad en psiquiatría y el psicólogo clínico tiene la licenciatura en psicología y una especialidad en clínica para convertirse en un experto en salud mental llamado psicólogo clínico.

Nunca tengas miedo de pedir la cédula o número de colegiado a tu psicólogo o psiquiatra, revisa su número y compruébalo en internet. A un buen especialista no le parecerá mal, es más, lo prefiere ya que es consciente del intrusismo profesional que hay.

"La medicina estética y la psicología es donde hay mayor grado de intrusismo. Unas acaban poniéndose relleno en las nalgas y otros haciéndose una limpia para "curar" la esquizofrenia. Hay que comprobar el número de licencia de quien te trata y el centro." (Psiquiatra)

El ser humano es tan complejo y sus problemas de salud mental están asociados a tantos aspectos, que en la mayoría de los casos se necesita que un psicólogo y un psiquiatra trabajen conjuntamente. El psiquiatra, por ser médico, da mayor prioridad a la parte biológica de la persona, receta fármacos para rehabilitar la química cerebral aunque también dan psicoterapia. El psicólogo clínico se centra más en los pensamientos, emociones y conductas que hacen sufrir a la persona. Su fuerte es la psicoterapia, inicialmente intentará motivar al máximo a su paciente para que con su voluntad y las técnicas *ad hoc* que utilice con él se modifiquen esas ideas, emociones y conductas que lo llevan al sufrimiento. En ocasiones cuando el padecimiento tiene un fuerte componente biológico, entran otras especialidades como son la neurología o endocrinología.

Para comprender mejor la función del psicólogo y el psiquiatra me gusta utilizar el símil entre el cirujano traumatólogo y el fisioterapeuta. Si un paciente tiene una pierna rota, el cirujano traumatólogo va a tener que hacer una cirugía para coser un músculo desgarrado y después el fisioterapeuta ayudará en la rehabilitación. En este caso, guardando las distancias, el cirujano sería el psiquiatra y el fisioterapeuta sería el psicólogo clínico. Al igual que un fisioterapeuta sabe que a veces no es suficiente con la rehabilitación y necesita ser operado, un psicólogo conoce sus límites y en qué momento el paciente necesita farmacoterapia y consecuentemente un psiquiatra. Por otra parte, si el paciente tiene un esguince o una torcedura de tobillo, no es necesario acudir a un cirujano traumatólogo ya que con fisioterapia y sin fármacos ni operación puede ser curado. Lo mismo pasa con algunos padecimientos emocionales y mentales en los que es suficiente la intervención del psicólogo.

QUIÉN TRATA QUÉ
INDICACIONES

ENFERMEDAD	TRASTORNO	CONDUCTA	RESOLUCIÓN	MEJORA	TOMA DE
PSICOSIS	NEUROSIS	DISRUPTIVA	DE CONFLICTOS	AUTOESTIMA	DECISIONES

ESQUIZOFRENIA

TRASTORNOS BIPOLARES

DEMENCIAS/ALZHEIMER

DEPRESIÓN

ADICCIONES

TOC

TRASTORNO
DE PÁNICO CON
AGORAFOBIA

FOBIAS

DISFUNCIONES SEXUALES

TRASTORNO
EXPLOSIVO
INTERMITENTE

TRASTORNO CONDUCTA
ALIMENTARIA

PERSONALIDAD
OBSESIVA O
ANANCÁSTICA

TRASTORNO DE
ESTRÉS
POSTRAUMÁTICO

MUERTE DE UN
SER QUERIDO

HABILIDADES
SOCIALES

ENTRENAMIENTO DE
PACIENTES

RUPTURA
AMOROSA
TRAUMÁTICA

COMPLEJOS

ACABAR UNA
RELACIÓN

ORIENTACIÓN
VOCACIONAL

RELACIONES
TÓXICAS

OTROS
CAMBIOS
VITALES

CAMBIO DE
TRABAJO

ENTRENAMIENTO A
FAMILIARES CON
PADECIMIENTOS
MENTALES

REINVENCIÓN

CAMPAÑAS DE
PREVENCIÓN

TERAPIA

○ PSIQUIATRAS ○ PSICÓLOGOS CLÍNICOS ○ PSICÓLOGOS

Si bien la psicoterapia y los cambios en el estilo de vida pueden ser suficientes en algunos pacientes, en otros puede ser vital recetar fármacos, el evitarlo o posponerlo va a causar que el padecimiento se agrave. Podemos decir que si nuestra cabeza fuera una computadora, a veces tenemos que cambiar una pieza (farmacoterapia), actualizar el software (psicoterapia) e incluso cambiar de casa porque no funciona la electricidad (entorno).

Uno de los grandes retos de la psicoterapia es que requiere de la voluntad del paciente, de ahí que sea tan importante que la persona esté convencida o convencerla para que acuda voluntariamente a terapia. Desafortunadamente muchos tienen que tocar fondo para darse cuenta y acaban pagando consecuencias más graves por no haber reaccionado antes.

En qué consiste la psicoterapia

La psicoterapia es un proceso que busca mejorar la salud mental del paciente a través del cambio de pensamientos, actitudes, creencias erróneas o conductas inadaptadas.

La psicoterapia te puede ayudar también a dar un nuevo significado o sentido a los acontecimientos de tu vida y cambiar conductas que te hagan daño a ti o a otras personas. Para ello hay distintos tipos de herramientas o formas de intervenir.

Muchos confunden la psicoterapia con el psicoanálisis, un tipo de psicoterapia que en la actualidad se utiliza poco por ser muy larga y sobre todo porque hay otras mucho

ASPECTOS QUE SE TRABAJAN EN PSICOTERAPIA

- Estrategias y resolución de problemas
- Técnicas de relajación
- Identificación y neutralización de pensamientos negativos
- Acabar con conductas indeseables
- Cambio de pensamientos y atribuciones erróneas
- Creación de hábitos saludables
- Entrenamiento en habilidades sociales y emocionales
- Identificación de entornos de riesgo
- Aceptación y autoconocimiento
- Resignificación de experiencias pasadas

más modernas que han probado científicamente ser más efectivas.

Entre las psicoterapias de segunda generación más utilizadas está la terapia cognitivo-conductual, que trabaja sobre pensamientos y conductas. En cuanto a las psicoterapias de tercera generación, existen la terapia de aceptación y compromiso (TAC) y la práctica de la atención plena, más conocida como *Mindfulness*.

Desafortunadamente la palabra "terapia" la utiliza todo el mundo y en el campo de la salud mental, sólo un psicólogo clínico o un psiquiatra están preparados para darla.

En la actualidad existe un peligro con los autoproclamados coach o los terapeutas emocionales que basan sus terapias en varios cursos cortos y que están proliferando en la red. Utilizar personas altamente vulnerables como conejillos de indias para "curar" sus padecimientos justificando que funcionó con otras personas puede poner en peligro muchas vidas. Aunque no dudo de sus buenas intenciones, si de verdad quieren ayudar, deben prepararse adecuadamente estudiando una carrera de psicología clínica o psiquiatría. Acabada la carrera pueden hacer los cursos adicionales necesarios sobre aquello que piensen que puede aportar algo más a su terapia.

"Dijo que su terapeuta sabía mucho de constelaciones y numerología, no era psicólogo pero sí terapeuta, lo convenció de dejar los antidepresivos que le había recetado el psiquiatra porque ya se encontraba bien. Lo encontramos muerto en el baño, se había suicidado." (Testimonio de un padre que perdió a su hijo)

Por otra parte, me gustaría resaltar que al igual que un coach no puede dar terapia, uno cualificado sí puede ser un buen asesor en la toma de decisiones en el terreno profesional.

Farmacoterapia

Aunque hasta yo soy reticente a los fármacos, en muchas ocasiones son necesarios, y al igual que cuando tienes neumonía sabes que no basta con permanecer en cama y no te importa tomar los antibióticos, tampoco tendrías que sentirte abatido y mal si el médico te receta psicofármacos.

La resistencia a tomar un medicamento suele hacer que el tratamiento se prolongue o incluso no sea efectivo cuando podría haber funcionado muy bien. Cuando son necesarios, los fármacos los receta y los retira el psiquiatra. Los psicólogos, aunque están formados en psicofarmacología, no pueden recetarlos ni deben recomendar al paciente que los deje, pues no se ocupan de la parte orgánica que afecta a las enfermedades mentales.

PARA QUÉ TIPO DE SÍNTOMAS SE DAN FÁRMACOS

- Ideas delirantes/alucinaciones
- Falta de motivación e implicación emocional
- Exceso de aumento de la autoconfianza; no ponderamos los riesgos (episodio maniaco)
- Ideas recurrentes obsesivas que no se pueden frenar
- Irritabilidad
- Tristeza profunda
- Dificultad en mantener la atención en casos severos
- Insomnio
- Ansiedad

La esquizofrenia o los trastornos psicóticos son trastornos eminentemente psiquiátricos. Si hay alguna alteración química en el cerebro y no se estabiliza, no hay psicoterapia que valga. En otros casos, los fármacos tratan síntomas que ayudan a la psicoterapia. Por ejemplo si un paciente tiene depresión mayor con un cuadro ansioso que no lo deja dormir, lo primero que se hará es recetar fármacos que le permitan hacerlo y, una vez descansado y más relajado, se podrá empezar la psicoterapia.

"No podía dormir, estaba muy nerviosa, lloraba constantemente, no podía concentrarme. Aunque me resistí, tomé los fármacos. Fue empezar a dormir y recuperar un poquito el control sobre mí." (Paciente con TAG)

Otros apoyos

La psicoterapia y los fármacos son muy importantes pero tienen que ser apoyados con otras acciones, me refiero a cambios en el estilo de vida, como son mejorar los patrones de sueño, la alimentación, hacer deporte, aprender a relajarse, o incluso, tomar otras medidas como cambiar de entorno, en ciertos casos como la drogadicción. Es impresionante lo que mejora el estado mental y físico cuando has descansado bien y lo que empeora si no lo haces.

ENFOQUES
TRATAMIENTO

PSICOTERAPIA

FARMACOTERAPIA

CAMBIO DE ENTORNO

TÉCNICAS DE RELAJACIÓN

REGULARIZACIÓN DE
PATRONES DE SUEÑO

DIETA

EJERCICIO

TRATAMIENTO DE ENFERMEDADES
QUE CAUSAN SÍNTOMAS
DE TRASTORNOS MENTALES

Hipotiroidismo

*"Yo no bromeo cuando digo que si no como estoy
de muy mal humor, no es casualidad que mis peores
crisis las he tenido con hambre, me convierto en un ser
despreciable."* (Paciente con ansiedad)

No sorprende que la privación del sueño sea una tortura de guerra bastante recurrida hasta la actualidad. Y es que cuando no duermes aumenta tu nivel de ansiedad, estás más emocional, irritable y percibes las cosas de una manera más negativa. Hacer del ejercicio un hábito de vida también es importante, cuando practicamos alguna actividad física nuestro cuerpo libera dopamina y endorfinas. Empezar el día en movimiento es una "cápsula de bienestar" a la vez que reduce los niveles de adrenalina, la hormona asociada al estrés.

Estas medidas, aunque tienen inicialmente menos peso que la terapia, en conjunto, van a mejorar mucho la eficacia del tratamiento a la vez que evitarán recaídas futuras. Es como si tuvieran un efecto vacuna y multivitamínico en nuestra salud emocional y mental.

*"Primero nos centramos en la psicoterapia y en los
fármacos, pero esto sólo es una pieza de las muchas
que hay que recolocar en el paciente, si queremos que
los cambios perduren. Para eso nos tenemos que fijar
en los 360 grados del paciente, desde dieta hasta su
entorno social. Aquí nos ayudan otros profesionales
como el trabajador social o el nutriólogo."* (Psiquiatra)

Pues habiéndote dado los preliminares menos entretenidos prepárate a entrar en el parque de atracciones de las emociones y pensamientos humanos. Vamos a zambullirnos en el maravilloso mundo de la imperfección que nos hace únicos.

Seguro que cuando leas algunos párrafos sentirás que están hablando de ti o alguien cercano, eso no quiere decir que padezcas esa enfermedad pero sí que lo consultes con tu psicólogo. Empezaremos con la depresión y la montaña rusa de los trastornos bipolares para después conocer con mayor profundidad los trastornos causados por ansiedad. En el tercer bloque encontrarás padecimientos relacionados con la percepción de la realidad, la atención, y otros que consideraba indispensables como adicciones, demencias y disfunciones sexuales. Como gran final y antes de pasar a unas recomendaciones, descubrirás lo que son los psicópatas integrados y sus estrategias para volverte "loco". Pensarás, -¡qué locura!-, y ¿qué sería de nosotros si en la vida sólo hubiera cordura?

TRASTORNOS DEL ESTADO DE

ÁNIMO

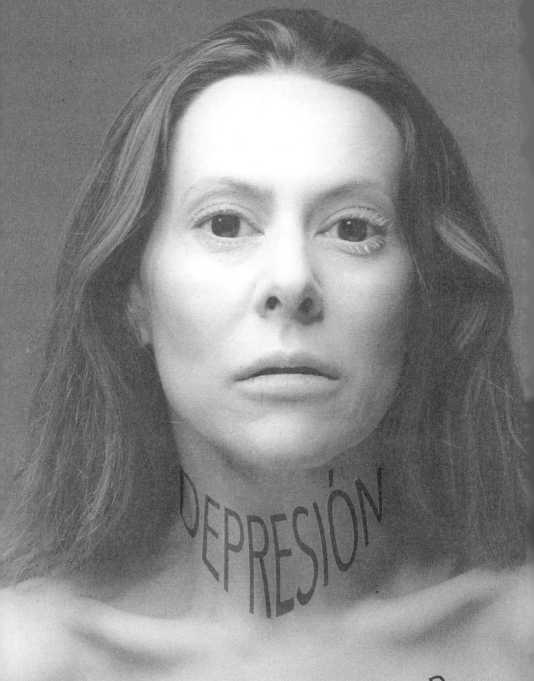

TRASTORNOS DEL ESTADO DE ÁNIMO

DEPRESIÓN

Probablemente uno de los peores padecimientos emocionales que puedas tener es la depresión, si te enfermas de neumonía, artritis u otra enfermedad, la mayoría de las personas va a pensar: "Qué mala suerte", mientras que si tienes depresión, la gente sigue creyendo cosas como: "Qué débil", "no tiene motivos" o "no pudo con el fracaso y se deprimió". Este tipo de actitudes hace que todavía quienes viven con esta enfermedad lo nieguen o lo mantengan en secreto, y los que creen que pueden padecerla se rehúsen a acudir al especialista y con ello la agraven aún más.

Por si no fuera suficiente con estigmatizarla hay quien le quita importancia y lanza el mensaje de que está en sus manos curarse. Comentarios como "sé positivo", "vamos, sonríe" tienen un efecto demoledor en aquellos que padecen depresión. Otros utilizan esta palabra como sinónimo de tener un mal día o sentirse bajo de ánimo, consecuentemente muchos piensan que está en manos de la persona deprimida el salir de ese agujero oscuro.

La depresión es una enfermedad y como en muchas otras, la persona que la padece necesita ayuda profesional. Al igual que a un diabético no le dices que depende sólo de él, entiendes que tenga que ir al médico, que necesite fármacos y otro tipo de apoyo, tampoco se lo puedes decir a quien padece depresión.

El pronóstico o evolución de la depresión será más positivo cuanto antes se pida ayuda, de lo contrario, es muy difícil salir de ella. Cada vez hay más datos que prueban cómo el hipocampo y el córtex prefrontal del cerebro de los pacientes con depresión se hacen más pequeños.

La depresión también desequilibra químicamente nuestro cerebro, nos desbalancea las sustacias encargadas de proporcionarnos la energía y la motivación para desarrollar las actividades más rutinarias. Esto hace que sean afectandos desde los patrones del sueño y apetito hasta tener la energia para darse una ducha.

Para entenderlo mejor, el estado de ánimo depende en parte de una serie de sustancias químicas que están en el cerebro, los llamados neurotransmisores. Si éstos no están en los niveles adecuados dejamos de sentir placer por las cosas, no tenemos energía para llevar a cabo nuestras rutinas cotidianas y la visión del mundo se vuelve mucho más pesimista. Consecuentemente nuestro estado de ánimo se desmorona vertiginosamente.

"No tenía ganas de nada, me aislé, no quería estar con nadie, tenía ganas de llorar. Por las mañanas despertaba agotado. Sólo de pensar en el esfuerzo para tomar el plato, cortar la fruta y poner los cereales me abrumaba. Sólo quería dormir, quedarme en la cama y acabar con mi vida, pero hasta me faltaba la energía para suicidarme, seguir viviendo era sólo un sufrimiento, estaba convencido de que todos estarían mejor sin mí." (Paciente con depresión)

Esa incapacidad para sentir placer y de no poder disfrutar nada, unida a la falta de energía, hacen que la persona se aísle cada vez más y caiga en un círculo vicioso. Su dolor va en aumento, lo ve todo más negativo y le cuesta cada vez más esfuerzo realizar sus actividades más cotidianas. El sufrimiento de una persona que padece depresión puede llegar a tal grado, que ve el suicidio como la única puerta de escape para acabar con él.

¿Cómo podemos sospechar que padecemos depresión?

Un diagnóstico de depresión debe de ser hecho por un psicólogo o un psiquiatra, pero hay ciertas señales que te van a hacer sospechar que lo padeces. Si tienes más de tres de estos síntomas y llevas con ellos más de dos semanas consecutivas, deberías de ir al especialista.

Cuando llegas al psiquiatra o al psicólogo te hará una serie de preguntas. Indagará en tus antecedentes familiares, la relación con tus parientes, acontecimientos recientes o pasados (duelos, problemas laborales, etc.), drogadicción u otros hábitos. También querrá saber la duración de los síntomas y valoración de su intensidad. Con toda esa información integrará tu historia clínica.

SÍNTOMAS DE DEPRESIÓN

- Sentimientos de angustia
- Cambio en los patrones del apetito
- Insomnio o un exceso de sueño
- Ansiedad
- Falta de apetito sexual
- Desesperanza
- Pensamientos suicidas
- Tristeza profunda
- Incapacidad de sentir placer (anhedonia)
- Tendencia al aislamiento
- Abulia (falta de energía y motivación)
- Fatiga, cansancio extremo

Además te pedirá pruebas para descartar que padeces de otras enfermedades que pudieran causar síntomas de depresión. Incluso te puede realizar algunos test o escalas, que aunque muchos pacientes los encuentran muy impersonales, son de gran ayuda para delimitar los síntomas.

Padecer depresión es tener una sensación de aletargamiento general, de pesadumbre, todo es demasiado agotador. A esto se le llama retraso psicomotor.

"Me levanto pensando: otro día más, no puedo con él, me di cuenta de que ése no era yo. Me despertaba y me sentía cansadísimo, la fatiga no se me iba con nada, pensar en todas las cosas que tenía que hacer o visualizar tener que caminar hacia el coche se me hacía agotador." (Paciente con depresión)

A la falta de energía que padece alguien con depresión se le llama abulia, aquellas actividades cotidianas que normalmente se hacen sin pensar se vuelven agotadoras. Es como si estuvieras llevando kilos y kilos de piedras que te hacen imposible que no te duela el cuerpo. Una persona con depresión mayor no tiene la fuerza para hacer nada, incluso le cuesta ir al baño, cualquier actividad puede implicar un esfuerzo extenuante.

"Todo me costaba mucho, era agotador, levantarme de la cama para ir al baño se había vuelto una pesadilla, me aguantaba hasta que no podía más, es como si llevara 100 kilos en mis espaldas." (Paciente con depresión)

No es del todo cierto que cuando sufres depresión no puedes dormir, hay a quien le pasa justo lo contrario, duerme más de diez horas, otros se levantan muy temprano y les cuesta conciliar el sueño. Tanto por exceso como por defecto la persona cambia sus patrones de sueño. Algo parecido pasa con el apetito, mientras que algunos dejan totalmente de comer, otros llegan a ingerir el doble que cuando estaban sanos.

> *"Dejé de comer, no tenía hambre, lo único que*
> *me apetecía era dormir. Mi madre pensaba que*
> *tenía anorexia, yo sabía que no porque me daba*
> *completamente igual, sólo quería dormir y estar en mi*
> *cama." (Paciente con depresión)*

Otro síntoma muy característico de la depresión es la anhedonia, que es la incapacidad de sentir placer, incluso por las cosas que antes disfrutaba esa persona. Lo que antes ansiaba hacer ahora le parece una actividad tediosa y evitará enfrentarse a ella.

> *"Desde que tenía 20 años iba al cine, no había*
> *miércoles que me lo perdiera. Después de ver la película,*
> *escribía críticas en un blog y esperaba los comentarios.*
> *Hace diez meses que no voy al cine, ¿para qué?"*
> *(Paciente con depresión)*

Mucha gente que padece depresión genera reacciones físicas en su cuerpo, son las llamadas somatizaciones. Entre las más frecuentes están los trastornos gastrointestinales (colitis, gastritis, estreñimiento, úlceras), los dolores (cefaleas, dolores musculares, dolor abdominal, dolor en el pecho), las taquicardias, prurito o alteraciones dermatológicas, caída de cabello y disfunciones sexuales.

"Es frecuente que el paciente sea remitido por el médico general porque sospecha que el dolor de cabeza, la gastritis o la dermatitis pueden ser nerviosas. En muchos casos estos pacientes son diagnosticados con depresión." (Psiquiatra)

Cuando una persona está deprimida se encierra en sí misma y sus sensaciones corporales son magnificadas. La sensación de dolor es una experiencia muy subjetiva, si te sientes bien emocionalmente sientes menos dolor, pero cualquier sensación mínimamente molesta es aumentada por quien sufre depresión, llegando a transformar un dolor leve en incapacitante.

"Muchos algólogos (especialistas en dolor), recetan a sus pacientes con dolor crónico antidepresivos, en algunos alivia más el malestar que los analgésicos." (Psiquiatra)

Cómo afecta la depresión tu forma de pensar

Desafortunadamente la depresión no sólo afecta tu capacidad de saborear la vida, tu energía y motivación, también impacta profundamente en tu manera de pensar y el modo de percibir la realidad.

Es como si tu forma de ver las cosas sólo te permitiera notar lo negativo, como si tuvieras una lente magnificadora de lo malo. Si a una persona con depresión le preguntas

COSAS QUE NO DEBES DECIR A UNA PERSONA QUE PADECE DEPRESIÓN

los planes que tiene para dentro de dos semanas, no te sabrá contestar porque no ve nada que lo motive. El futuro no existe o es completamente desalentador, todo son trabas que van a ser más pesadas cuanto más severa sea la depresión.

Ocurre lo contrario si le preguntas por el pasado, pues una persona que padece depresión tendrá una gran memoria selectiva sobre los acontecimientos negativos. Seguro que te relatará muy detalladamente todas aquellas cosas desagradables que le ocurrieron, magnificándolas y en ocasiones identificándolas como la causa de su sufrimiento. Esto hace que se retroalimenten de lo malo, cayendo en un bucle de pesimismo que sólo les hace sentir peor.

> *"Recuerdo cuando estaba en clase y la maestra me preguntó el resultado de una división y me equivoqué. Ella me llamó tonta y los demás se rieron, qué razón tenía, nunca serví para nada."* (Paciente con depresión)

Una persona sana puede acordarse de malas experiencias pero también hablará de aquellos maravillosos momentos de su niñez. Es curioso escuchar como una misma persona te contará una infancia muy distinta con depresión y sin ella.

Sin depresión verá las noticias y tendrá en cuenta las noticias buenas y malas, pero con depresión, filtrará la realidad de tal manera que sólo le llamarán la atención los acontecimientos negativos, retroalimentando ese bucle de pesimismo. Esto le hace caer en un círculo vicioso de desilusión y pensamientos nocivos sobre su persona o sobre la realidad, a eso se le llaman "rumiaciones".

> *"Para qué vivir si ya dicen en la tele que el mundo se va a acabar con tantas guerras, todo son muertes y gente sufriendo." (Paciente con depresión)*

Las rumiaciones negativas cada vez se hacen más frecuentes, a tal grado que la persona se las cree y se vuelven obsesiones que disipan toda expectativa de encontrar una salida. Se pierde toda esperanza de que la situación mejore hasta el punto de que algunos entran en un bucle de sufrimiento en el que la única escapatoria que ven es terminar con su vida.

> *"Mi madre se suicidó cuando tenía 16 años, no se lo perdoné durante mucho tiempo, ¿qué madre que de verdad quiera a sus hijos decide acabar con su vida? Ahora entiendo que se veía tan mal, su depresión era tan fuerte, que de verdad lo vio como una forma de que nosotros sufriéramos menos." (Hijo de paciente deprimida que se suicidó)*

Cuando un ser querido se suicida

No hay nada más duro que perder a un ser querido que decide suicidarse. Muchos se sienten responsables por no impedirlo, pueden estar años y años siendo corroídos por los hubiera y con un tremendo sentimiento de culpa al creer que podrían haber hecho algo para evitarlo.

El suicidio está estigmatizado socialmente, parece como si sólo se suicidara gente lejana a nosotros y lo cierto es que mientras que la depresión aumente, habrá cada vez más personas que vean la muerte como la única salida para acabar con su dolor.

En el mundo este acto es la segunda causa de muerte entre los jóvenes y las cifras se siguen elevando. Detrás de estas frías estadísticas se esconde el sufrimiento de muchos familiares a quienes les cuesta entender cómo pudo haberse quitado la vida su ser querido, -¿por qué?- se preguntan y seguramente la respuesta es: por depresión.

> *"Nunca pensé que lo pudiera hacer, era el más valiente de la familia, lo tenía todo, era un poco distante y no le gustaba mostrar sus sentimientos. Verlo muerto me destrozó. Él era el fuerte, no yo."*
> *(Hermano de paciente con depresión que se suicidó)*

El suicidio es una de las peores consecuencias de la depresión. Cada vez más personas acaban con su vida y estos números no disminuirán si no cambiamos nuestra manera de entender este acto y lo vemos como un resultado del padecimiento.

Una persona que sufre depresión ve la muerte como la única salida, pero curiosamente, los que están más graves se suicidan menos porque no tienen la energía para llevarlo a cabo. Cuando empieza a haber una ligera mejoría se debe estar más atento, ya que pueden tener mayor energía para consumarlo. La realidad es que es muy difícil de prevenir y la principal causa de que alguien se suicide está asociada a una enfermedad mental. Si estás leyendo esto y un ser querido se quitó la vida, por favor, no te culpes.

"Tuve mucha suerte. No quería sufrir más y llegué a la conclusión de que era la única salida, fui juntando las pastillas y un día me las tomé. Me quedé dormida pero vino una amiga a verme, estaba inconsciente y me llevaron al hospital. Fui a psicoterapia y entendí que un duelo familiar, un cambio de ciudad y el maltrato emocional por parte de alguien cercano me habían llevado a un pozo del que yo sola no sabía salir. Entonces no pensaba que alguien me pudiera ayudar o que la situación pudiera cambiar, de hecho estaba convencida de que era imposible, pero estaba equivocada. Hay alternativas y yo soy la prueba de ello. De hecho creo que mi forma de ver la vida cambió gracias a aquella dura experiencia. Había salidas que la depresión no me dejó ver." (Paciente con Depresión superviviente a intento de suicidio)

Si has vivido el suicidio de una persona querida es importante que acudas al psicólogo, los sentimientos de culpa y rabia deben ser canalizados o podrían afectar muy negativamente a ti y a tus seres queridos. Para tu consuelo, porque muchos se culpan de no haberlo evitado, la persona que quiere suicidarse muchas veces lo esconde a tal grado que hasta engaña a su terapeuta.

*"Me costó muchos años aceptar que la depresión
mató a mi esposa, ella no acabaría con su vida de
haber estado sana, nunca hubiera dejado huérfanos a
sus dos hijos y a mi viudo." (Esposo de paciente con
depresión que se suicidó)*

De todas formas, si un ser querido hace comentarios relacionados con el poco valor de la vida, su inutilidad o planteamientos sobre que el mundo estaría mejor sin él/ella, se tienen que tomar muy en serio y no quitarles importancia. Lo mejor es aceptar su sufrimiento y tratar de convencerlo de que va a salir del mismo si es ayudado por especialistas.

Las distintas "depresiones"

Normalmente al diagnóstico de depresión le van a poner distintos "apellidos" que den más información acerca del origen o los síntomas más predominantes.

La mayoría de los especialistas coincide en que este trastorno se puede clasificar según la severidad de los síntomas y lo incapacitante que es para la persona deprimida. Gran parte de quienes sufren depresión leve no se reconocen como enfermos, sienten que están decaídos o cansados, les cuesta concentrarse y tienen un estado ansioso, pero no sospechan que puedan tener depresión. Aquellas personas que la padecen de forma moderada todavía pueden seguir con sus actividades normales, pero el cansancio y el agotamiento aumentan y el estado de ansiedad les puede llevar a experimentar incluso ataques de pánico. De hecho, muchos pacientes acuden al médico por un ataque de ansiedad y cuando les diagnostican depresión mayor, quedan muy sorprendidos.

"Me dieron unas fuertes palpitaciones, pensaba que era un ataque al corazón, después de hacerme las pruebas me dijeron que era un ataque de ansiedad y me refirieron a un psiquiatra que me diagnosticó depresión." (Paciente con depresión)

Causas de la depresión

Hay muchas maneras de clasificar la depresión, una de ellas es asociada a su causa, endógena o exógena. La depresión endógena es aquella originada por nuestro cuerpo, especialmente por enfermedades, las más comunes son hipotiroidismo, diabetes, alteraciones metabólicas o colesterol. Y la depresión exógena es aquella que está relacionada con factores externos relativos al entorno social del paciente, por ejemplo, pérdidas de un ser querido, problemas familiares, problemas laborales, rupturas de pareja, un aborto, etcétera.

Merece la pena hablar de la distimia, ahora llamada trastorno depresivo persistente. Es una depresión leve o moderada que se puede prolongar durante años. El problema de la distimia es que la persona aprende a convivir con ella aunque sea altamente debilitante. Sigue una vida "normal", no deja sus obligaciones ni sus actividades rutinarias y sin ser diagnosticado como paciente con depresión, condenándose a llevar un filtro oscuro que tiña de negatividad toda su vida o acabando en una depresión mayor.

¿POR QUÉ UNOS SE DEPRIMEN Y OTROS NO?

¿Por qué le diagnosticaron depresión, qué la provocó? Ésa es la pregunta más común que mucha gente se hace.

Ante un cuestionamiento tan simple la respuesta no lo es tanto, ya que las causas o mejor dicho los factores que hicieron que una persona se deprima no son únicos y pueden ser muchos. Al igual que un plato de paella deja de serlo cuando le incluyes la tinta y se convierte en arroz negro, lo mismo pasa con los padecimientos en psicología.

Suelo poner este ejemplo porque ilustra de una manera sencilla lo que pasa no sólo en este campo, sino también en el de la medicina:

Dos amigos van por el parque y les cae una tormenta terrible, ante la misma situación Juan murió de neumonía y Pedro simplemente tuvo un pequeño resfriado. Las razones por las que Pedro sólo tuvo un pequeño resfriado fueron que iba más protegido contra la lluvia, era una persona con un sistema inmune muy fuerte y además no padecía de asma. Juan ya era más vulnerable a tener problemas respiratorios y el asma hizo que la neumonía se complicara acabando con su vida. ¿Cuál fue la causa de que uno acabara en el hospital? Pues no fue completamente un acontecimiento externo a ellos, ya que uno ante la misma tormenta no se enfermó y el otro sí, fue la combinación de que su sistema inmune fuera más vulnerable y que al ser asmático le faltó la respiración. Más allá de las causas, lo que todos

CAUSAS DE LA DEPRESIÓN

DEPRESIÓN

DESEQUILIBRIO QUÍMICO EN EL CEREBRO

CAMBIOS EN LA MANERA DE PERCIBIR LA REALIDAD

ACONTECIMIENTO EXTERNO
- Accidente
- Catástrofe
- Cambio de estilo de vida
- Situaciones estresantes constantes

DUELO MAL SUPERADO
- Ruptura amorosa
- Muerte de un ser querido
- Pérdida del trabajo

FAMILIARES
- Genéticas
- Modelo de creencias familiares

FÍSICAS
- Mala alimentación
- Agotamiento
- Hormonal
- Efectos secundarios de algunos fármacos
- Adicciones
- Enfermedades
  - El síndrome de Cushing
  - Hipotiroidismo
  - Fibromialgia

los médicos tienen claro es que cada persona es única y que su cuerpo, mente y emociones reaccionan de manera distinta a las mismas circunstancias.

CÓMO AFECTAN LOS ACONTECIMIENTOS EXTERNOS

La vida puede tener momentos emocionalmente muy fuertes, si un acontecimiento doloroso no se supera de manera adecuada, se puede volver un trauma. Podríamos decir que un trauma es un filtro de negatividad que tiñe de oscuro la manera de percibir y reaccionar a tu presente.

Una vez que nos creamos un trauma, nuestra mente idea un mecanismo de defensa con el objetivo de alertarnos lo antes posible para que no se vuelva a repetir. Casi de una manera inconsciente nos hace identificar más rápidamente cualquier señal que pudiera representar una amenaza. Esta situación nos lleva a protegernos en exceso y nos aísla de estímulos placenteros y motivadores. En definitiva nada positivo nos llega y nos retroalimentamos sólo de ideas negativas y de desesperanza.

Una persona que sobrevive a uno o más acontecimientos difíciles no tiene por qué padecer depresión si tiene una manera adecuada de interpretar la realidad y un buen mecanismo de solución de problemas. Si desde niños aprendemos a ver las dificultades y conflictos que nos trae la vida como retos más que como amenazas, enfrentarnos a éstos no nos va a provocar ansiedad.

Muchos padres educan a sus hijos a que superar un obstáculo es lo importante y le quitan importancia a cómo lograron hacerlo, o sea al aprendizaje que les quedó. Aunque superes una experiencia muy difícil si tu sistema emocional no lo recuerda como una prueba superada, lo interpretará como altamente amenazante y se activará un grado de ansiedad incluso mayor al vivido por la experiencia real.

"Mi padre me tiró al agua, no sabía nadar. Recuerdo que empecé a nadar solo, lo hice durante diez minutos, todos estaban orgullosos de mí. Ésa fue la última vez que volví a tirarme al agua, siento pánico sólo de pensar en una alberca." (Paciente con depresión)

¿POR QUÉ CUANDO YA HAN SUPERADO EL PROBLEMA SE DEPRIMEN?

Puede que conozcas a alguien que tras haber superado una situación muy compleja o librarse de todos los obstáculos que tenía para conseguir algo que soñaba, entonces, se deprime. Puede que pienses: ¿pero cómo le puede pasar eso?, ¡hay que ser desagradecido para no disfrutar lo que tiene!

"No entiendo a Jorge, después de tanto esfuerzo que puso para acabar su doctorado, cambiar de trabajo, de casa, ahora que finalmente consiguió los papeles para que el amor de su vida se mude con él a Guadalajara, ya que lo tiene todo, se deprime. Qué ingrato." (Hermana de paciente con depresión)

Y es que más que ser desagradecido, lo que ocurre es que su cuerpo le está pasando factura a su estado de ánimo por todos los recursos emocionales prestados, y sobre todo, por todos los momentos de ansiedad acumulada. Me explico; cada vez que tu organismo identifica una situación como amenzante las hormonas glucocorticoides se elevan. Si tienes varios acontecimientos que interpretas como amenazantes durante un tiempo relativamente corto, un año por ejemplo, estarás sobre expuesto a muchos glucocorticoides. Estas hormonas acaban desbalanceando la química de tu cerebro causando ansiedad crónica e impactando negativamente en tus niveles de dopamina, que es la sustancia encargada de que puedas sentir placer y disfrutar las experiencias agradables de la vida.

> *"Había sobrevívido a un sismo, mi padre se curó de cáncer, ganado una demanda, pero ya nada me sabía bien, ní disfrutaba a mi pareja." (Paciente con depresión)*

Esto explica por qué a mucha gente que consideras muy fuerte y que puede con todos los problemas de repente un día, tras superar lo que la mayoría pensábamos como imposible, le diagnostican depresión.

Hay un perfil de personalidad que corresponde al "yo puedo con todo" que también es un gran candidato a padecer depresión. Suelen ser muy competitivos, no hay límites, aman los retos pero tras la obtención de un objetivo, sin descansar, necesitan ir inmediatamente por otro. Este tipo de perfil tiene que ser consciente de que esa necesidad de mantener su cuerpo en un estado de alerta constante le va pasar a factura. Además de elevar en exceso los glucocorticoides y consecuentemente, desplomar sus niveles de dopamina hasta el suelo, van a subir su ansiedad hasta el techo. Por llevar a su organismo constantemente al límite pueden llegar al agotamiento físico y mental, van a ser incapaces de sentir placer y carecer de toda motivación. En definitiva padecer depresión.

La ansiedad crónica y los momentos estresantes pueden ser uno de los causantes de la depresión, porque más allá de que un estado de angustia agote nuestro sistema inmunológico, está comprobado que esta condición produce cambios físicos y químicos en el cerebro. Ya existen imágenes cerebrales que muestran que la ansiedad hace que la amígdala se vuelva más receptiva a estímulos negativos, provocando que nuestro cuerpo y emociones reaccionen más dramáticamente ante ellos.

CAUSAS FÍSICAS O ENDÓGENAS

Casi una tercera parte de las depresiones nace de una causa física, me refiero a que la persona simplemente tenía otra enfermedad en la que entre muchas de las consecuencias estaba este padecimiento. El hipotiroidismo es una de estas enfermedades, se cree que más de una cuarta parte de las mujeres que creen que sufren de depresión tiene hipotiroidismo.

El hipotiroidismo suele presentarse de manera gradual y es difícil de detectar porque, aparte de la depresión, algunos de sus otros síntomas aparecen en otros padecimientos; cansancio, fatiga, piel seca, estreñimiento o aumento de peso. También puede no dar indicios, pero si te haces un análisis de sangre podrás medir los niveles de hormona estimulante de la tiroides (TSH) y te sacará de dudas. Las mujeres son quienes más lo sufren, ante la fatiga constante y falta de energía, en vez de ir al médico para ver si padecen hipotiroidismo empiezan a excederse en café o estimulantes. Esto aumenta su nivel de ansiedad además de no conseguir lo que querían, que es acabar con el cansancio crónico, empeorando así los síntomas de la depresión.

> *"Me sentía muy triste, había engordado muchísimo, estaba cansada, fui al psicólogo y me pidió que antes visitara al endocrinólogo. Me diagnosticaron hipotiroidismo y desde entonces estoy bajo tratamiento para ello. No regresé al psicólogo porque no he vuelto a sentirme deprimida." (Paciente hipotiroidismo)*

En las mujeres un desequilibrio hormonal entre los estrógenos y la progesterona puede ser el detonante de padecer depresión. Los periodos de mayor vulnerabilidad son el parto y al comenzar el climaterio. Durante esta etapa, que es el periodo de tiempo en que la fertilidad de la mujer acaba y le llega la menopausia, su sistema hormonal se desajusta afectando la química cerebral. Muchas se sienten más emocionales, tristes e irritables. También pueden tener síntomas como bochornos e insomnio y un grupo más pequeño de ellas puede llegar a padecer depresión mayor. De las cosas que impactan más negativamente en el climaterio son las ideas erróneas de la feminidad, las cuales han perjudicado tremendamente el bienestar de la mujer. En culturas primitivas esta edad de la mujer corresponde a la cima del autoconocimiento, de la sabiduría y del reconocimiento dentro de su grupo, además de seguir teniendo una actividad sexual plena.

DOS MANERAS DE ENFOCAR
EL CLIMATERIO

IDEA ERRÓNEA	SUSTITÚYELA POR
Ahora tengo sofocos, mal genio y me voy a sentir mal	Hay un período de adaptación que tengo que aprovechar para reinventarme. Empieza la mejor etapa de mi vida
Dicen que lubricas menos en las relaciones	Igual que me hidrato la cara, me tengo que hidratar mis partes íntimas
Ya no tengo a nadie que cuidar, mis hijos se hicieron mayores	Es momento de cuidarme, yo siempre me he dedicado a los otros
Ya no tengo la regla, soy menos mujer	Ya no voy a tener dolores antes de la regla ni sentirme irritable
Ya no soy fértil	Ya no me voy a tener que preocupar de quedarme embarazada, puedo entregarme totalmente al placer
Ahora vienen los problemas de salud. Me tengo que preocupar por la osteoporosis y problemas del corazón	Ser consciente sobre mi salud me va a hacer una persona más sana

"Hay tribus del amazonas en que la edad dorada de la mujer es la menopausia, son respetadas por el grupo y además ¡consuelan a esos machos que no pueden tener relaciones con hembras más jóvenes que están embarazadas! La pasan mejor que nunca." (Psicólogo)

Si el climaterio se enfocara de una manera más positiva y se erradicaran las ideas erróneas que la sociedad tiene sobre él, habría muchas menos mujeres que padecerían depresión. Simplemente algunas tendrían que tratar los síntomas temporales asociados al desequilibrio hormonal sin nunca olvidar la prevención de la osteoporosis y los problemas cardiovasculares.

"Llegó la menopausia y es como si fuera una sentencia de muerte, ya no eres joven, no puedes tener hijos, como no dormía me volví más irritable, discutía con mi marido y mi hija constantemente y caí en depresión. Pedir ayuda fue lo mejor que pude hacer. El doctor me medicó para los síntomas e hice psicoterapia. Ahora estoy mejor que nunca en mi vida. Es un alivio no tener la regla ni la tensión de los embarazos, fue una liberación a nivel sexual". (Paciente con depresión)

DEPRESIÓN POSPARTO

Muchos confunden la depresión posparto con el "baby blues", éste es un periodo que muchas mujeres que acaban de tener un hijo atraviesan. La madre se siente más triste, irritable y sufre cambios de humor, los síntomas son leves y no suele durar más de un par de semanas.

La depresión posparto es un padecimiento grave que puede tener consecuencias muy negativas, llegando a incapacitar completamente a la madre, olvidando a su hijo e incluso llevándola al suicidio. Puede aparecer durante el primer año tras el nacimiento del niño y sus síntomas son como los de una depresión mayor. Tristeza profunda, llanto, falta de energía, falta de motivación y problemas en la memoria.

Este tipo de depresión puede ser causada por varias circunstancias, por una parte, se produce un desequilibrio hormonal durante el embarazo y el parto, además de un agotamiento físico y mental. La ansiedad durante el alumbramiento, la gestación y los primeros meses con el bebé junto con las expectativas erróneas sobre la maternidad también aportan su granito de arena.

"Me imaginaba con mi bebe feliz. Pero cuando nació nada fue como lo imaginaba. Ni mi bebé me parecía tan bonito ni sentía tanto amor." (Madre con depresión posparto)

Para colmar la situación, al sufrimiento asociado a la depresión se suman fuertes sentimientos de culpabilidad que la madre tiene al no poder dar a su hijo la atención que se merece.

"Se suponía que tenía que ser una madre feliz y estaba muy triste todo el tiempo, no quería decir lo que me pasaba porque podían pensar que no amaba a mi hijo." (Madre con depresión posparto)

¿LA DEPRESIÓN SE HEREDA?

Uno de los grandes miedos de quien tiene un padre o madre con depresión es si ellos la pueden heredar. Si bien es verdad que hay ciertos genes que están asociados a tener una mayor vulnerabilidad de sufrir depresión, eso no quiere decir que estás sentenciado a padecerla. Ser consciente de que eres más vulnerable te puede hacer tomar medidas preventivas como tener una vida más sana o no exponerte a riesgos que actúen de detonante, como drogas o estrés.

> *"Mi madre tuvo depresión durante 2 años, vi como sufría. Yo me mantengo sana, hago deporte y no bebo, creo que en ella el alcohol fue el detonante. Además me alejo mucho de la gente que está siempre amargada. Tengo claro que al mínimo síntoma voy corriendo al psiquiatra." (Hija de paciente con depresión)*

Los genes no hablan de predictibilidad pero sí de mayor vulnerabilidad. Si ya hay en tu familia antecedentes genéticos de depresión y estás expuesto a muchos eventos estresantes es más fácil que la padezcas que una persona que no tiene antecedentes familiares.

Otro aspecto que tiene un gran impacto es el modelo de aprendizaje e interpretación de la realidad que tienen los parientes. Hay sagas familiares que padecen de depresión y ésta no se debe a la genética sino a que su modelo atribucional, o de interpretar la realidad, es altamente negativo.

"Mi padre siempre decía que no confiara en nadie, que hiciera lo que hiciera nada iba a cambiar. Repetía: qué asco de vida, una frase que detesto y que prohibí que se diga en casa." (Hijo de padre con depresión)

Hay familias que se atribuyen internamente éxitos y fracasos, o sea que si fallan, saben que podrían haberlo hecho mejor y que si tienen éxito es en gran medida por su esfuerzo. Este tipo de modelo motiva a la persona a ilusionarse por las cosas y trabajar duro por ellas ya que siente que tiene el control de su destino. Si en tu familia son personas positivas y constructivas serás menos propenso a padecer depresión porque te sientes capaz de cambiar tu destino y no de vivir siendo víctima de las circunstancias.

"Mi abuela era la persona más feliz que conozco, vivió la muerte de su hermano, de sus padres en la guerra, pasó hambre y perdió dos hijos. Ella siempre decía: no dejes que las tristezas del pasado amarguen tu felicidad presente." (Nieta de abuela positiva)

Por el contrario, si en casa el modelo de aprendizaje e interpretación de la realidad se atribuye a acontecimientos externos, serán personas cuyos éxitos y fracasos estarán interpretados por causas ajenas e incontrolables. Cuando les ocurra algo bueno como conseguir un puesto mejor, pensarán que es por suerte y no lo van a relacionar con el esfuerzo realizado. Mientras que si les pasa algo malo lo verán como una desgracia que ellos no pueden controlar.

"Siempre pensé que tenía mala suerte, por eso me
dejó mi novia, perdí el trabajo, ¿para qué esforzarme?
Me pasó lo mismo que a mi padre, me metí en la cama
y no quería salir de ella." (Paciente con depresión)

En definitiva, sienten que hagan lo que hagan tienen poco poder sobre su destino. Una persona con esa forma de pensar se creerá víctima de las circunstancias e incapaz de mejorar su realidad y consecuentemente, será mucho más negativa. Mucha gente descubre otro modelo de pensar cuando tiene una pareja o un gran amigo. Su forma más positiva de interpretar la vida y mayor control sobre su entorno les devuelve el optimismo y les cambia su destino.

"Mi pareja me animó a intentar más las cosas.
Siempre decía ya lo intenté una vez y no me salió,
ella insistía: inténtalo 10 y verás, me cambió. Cuando
voy a casa para comer me doy cuenta de mi forma de
pensar tan victimista, no quiero que mi hijo sea así."
(Hombre de una familia con antecedentes de depresión)

Sea porque tienes una vulnerabilidad genética o tu entorno también la favorezca, puedes tomar medidas: come sano, practica un deporte, evita el alcohol ya que es un fuerte depresor y dedica unos minutos a practicar *Mindfulness*. Por último, es importante que fortalezcas tus lazos familiares y amistades, las relaciones sociales constructivas son muy enriquecedoras, y lo más importante, nunca tengas vergüenza, ni miedo de pedir ayuda.

Tratamiento de la depresión

El tratamiento de la depresión normalmente requiere intervenir desde distintos flancos; desde la psicoterapia, la farmacoterapia y si el paciente no responde, se puede optar por otras alternativas, desde la estimulación con la implantación de electrodos, hasta terapia electroconvulsiva. Otros acercamientos que pueden ayudar conjuntamente son el ejercicio y la meditación.

PSICOTERAPIA

Anteriormente ya hablé de qué era la psicoterapia y en el caso de la depresión, es imprescindible que el especialista identifique y atienda todos los pensamientos negativos. Tendrá que tratar las rumiaciones, además de evaluar si su modelo atribucional es el adecuado. Puede que también deba ayudar al paciente a reinterpretar los acontecimientos de su vida.

También va a tener que mejorar su autopercepción o proporcionarle habilidades para que no vuelva a caer en pensamientos que detonen una cascada de emociones negativas y ansiedad.

Es conveniente hacer entender a la gente que rodea al paciente en qué consiste este trastorno y de los riesgos que implica el que la persona no sea atendida. Por otra parte, uno de los inconvenientes que tiene el tratamiento de la depresión es que el efecto de los antidepresivos no es inmediato y el paciente tiene poca motivación en acudir a psicoterapia. Eso quiere decir que al principio se va a requerir de un gran apoyo por parte de la familia para que el paciente no se desanime y continúe con la psicoterapia. Poco a poco empezará a ver resultados y eso le motivará para que continúe el tratamiento.

CÓMO FUNCIONAN LOS ANTIDEPRESIVOS

Cuando padeces depresión hay un desequilibrio en la química de tu cerebro, por eso la mayoría de los antidepresivos tienen como objetivo asegurarse de que el nivel de los neurotransmisores en nuestro cerebro es el adecuado. Hay muchas personas que tienen gran reticencia a tomarlos ya que hay una creencia de que causan adicción o gran cantidad de efectos secundarios.

Mucha de la mala reputación de los antidepresivos se debe a los que se utilizaban hace más de 30 años. A ese tipo de medicamentos se les llama tricíclicos que aunque son efectivos, al no ser selectivos, tenían bastantes consecuencias y provocaban cierto síndrome de abstinencia si no se retiraban de la forma adecuada.

Con la aparición de los inhibidores selectivos de la recaptación de serotonina (ISRS) todo mejoró. El primero de esta clase fue el Prozac (Fluoxetina), su mecanismo de acción es inhibir la recaptura de un neurotransmisor que es la serotonina, cuya falta de niveles adecuados provoca un sentimiento de tristeza obsesivo. Después de éste han aparecido inhibidores selectivos de otras sustancias como la norepinefrina (ISRN), una falta de éste en el cerebro afecta fuertemente la motivación y la energía, no tienes ganas de moverte ni reaccionas ante nada.

Hay otra opción que tiene un efecto sobre los dos neurotransmisores, se dice que tienen un efecto dual y son los inhibidores selectivos de la recaptura de serotonina y norepinefrina (IRSN).

"Antes me prescribían Venlafaxina, me faltaba serotonina y norepinefrina, luego me recetaron Prozac, ése es sólo para la serotonina. Ahora ya no estoy medicado, jamás pensé que podría tener tantas ganas de vivir otra vez." (Hombre que tuvo depresión)

La nueva generación de antidepresivos tiene pocos efectos secundario, y aunque no producen adicción tienen que ser retirados gradualmente por el médico. Nuevos fármacos como la ketamina están siendo utilizados en pacientes que no responden al tratamiento para la depresión.

Uno de los inconvenientes de los antidepresivos es el tiempo que demoran en actuar, pueden pasar hasta cuatro semanas en las que el paciente se siente ansioso y le cuesta dormir. Mientras que éstos tienen efecto, muchos psiquiatras los combinan con ansiolíticos, estos fármacos tienen una mayor rapidez de acción y permiten a la persona conciliar el sueño y finalmente relajarse. Cuando el antidepresivo empieza a tener el efecto deseado, el psiquiatra normalmente toma la decisión de retirar los ansiolíticos de forma gradual.

LO QUE TIENES QUE SABER DE LOS ANTIDEPRESIVOS

- No crean dependencia pero no se pueden retirar de golpe. Normalmente se van reduciendo las dosis y lo tiene que hacer un psiquiatra

- Hay que tomarlos de manera constante (efecto fondo)

- Tardan hasta 4 semanas en hacer efecto

- Hay que tomarlos por un tiempo mínimo, igual que los antibióticos. Aunque te sientas bien nunca los retires tú mismo

- El tiempo promedio de uso es de 4 a 10 meses

- Los nuevos antidepresivos apenas tienen efectos secundarios

- También se recetan para reducir la ansiedad

TERAPIA ELECTROCONVULSIVA

En aquellos casos en que la persona no responda a los fármacos ni a la psicoterapia (lo llaman paciente refractario), se puede recurrir a la terapia electroconvulsiva. Las neuronas se comunican entre sí de manera química y a través de impulsos eléctricos, en caso de que fallara este "sistema", se puede utilizar dicho tratamiento, que consiste en la estimulación cerebral a través de shocks eléctricos.

Desafortunadamente el cine y la televisión los han representado con escenas que no han ayudado nada a un método que, contrariamente a lo que la mayoría cree, funciona muy bien en pacientes que no han respondido a otros procedimientos. La imagen de ver al paciente convulsionar es algo que crea mucho miedo, como también no es nada grato ver cómo le abren a alguien el estómago y nadie cuestiona la eficacia de las cirugías en ciertos casos.

Cuando se da este tratamiento el paciente está dormido, le han administrado sedantes para que no se entere de nada. A través de dos electrodos se le aplican pequeñas cargas eléctricas que hacen que se cree una convulsión y se espera que tras varias sesiones, de 6 a 12, los circuitos del cerebro que están mal conectados se unan adecuadamente tras esa convulsión. Tras las descargas, el paciente no recuerda nada cuando se despierta y sólo requiere de ir acompañado a casa. Es increíble la gran mejoría que pueden experimentar algunas personas que prácticamente se habían resignado a vivir condenados a la depresión.

COSAS QUE PUEDEN AYUDAR

Tener una buena alimentación y practicar una actividad física como correr todos los días puede ayudar a superar la depresión. Está comprobado que el ejercicio periódico cambia la química de nuestro cerebro, la gente que realiza un deporte rutinariamente es menos vulnerable a padecer ese trastorno. Si ya lo sufres, aunque te falten todas las ganas, tienes que empezar a moverte. Aquí es donde los seres queridos pueden colaborar fuertemente agarrándote "literalmente" de la mano para forzarte al principio y correr contigo, ya que es muy difícil que quieras hacer algún movimiento cuando no tienes ganas de nada.

COSAS QUE SÍ DEBES DECIR A UNA PERSONA QUE PADECE DEPRESIÓN

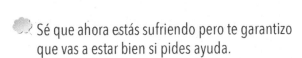

Sé que ahora estás sufriendo pero te garantizo que vas a estar bien si pides ayuda.

Lo vas a superar, va a ser duro, pero puedes. En 6 meses vas a estar bien, la tormenta habrá pasado si vas al especialista.

Todo lo ves a través de un cristal oscuro, no porque sea así sino porque estás enfermo.

Si se resiste a ir al psicólogo/psiquiatra pregúntale: ¿si tuvieras neumonía te negarías a ir al doctor?

Ven a pasear conmigo, sé que no te apetece salir, hazlo por mí, me han dicho que necesito hacer ejercicio.

¿QUÉ PROBABILIDADES TIENES DE SUFRIR DEPRESIÓN?

Nuestro estilo de vida que nos mantiene en constante estado de alerta, o mejor dicho en un constante estado ansioso, las ideas totalmente erróneas y patológicas de definir el éxito, la falta de interacción genuina y auténtica con otras personas, nuestro sedentarismo y la mala alimentación hacen que la mayoría seamos altamente vulnerables a padecer depresión alguna vez en nuestra vida.

TRASTORNOS BIPOLARES

Algo parecido a lo que pasa con la depresión ocurre con el trastorno bipolar, el nombre se utiliza indiscriminadamente como sinónimo de inestabilidad emocional. Esto provoca muchos malentendidos ya que se trata de un padecimiento realmente grave, que pone en riesgo a aquel que lo sufre y en estado de gran vulnerabilidad a las personas que están a su alrededor.

Un trastorno bipolar, antes llamado psicosis maníaco depresiva, es una alteración del ánimo en que la persona alterna dos estados emocionales completamente opuestos. Un episodio maníaco en el que tiene una extrema activación, motivación y positivismo y otro donde el paciente sufre de depresión mayor.

Dentro del espectro de los trastornos bipolares distinguimos el de tipo I, el tipo II y la ciclotimia. Salvo para ciertos pacientes con ciclotimia, el resto siempre necesita de tratamiento farmacológico y el peso del psiquiatra en esta terapia es mayor que el del psicólogo. El papel de éste consiste en aplicar ciertas técnicas en psicoterapia, apoyar a la familia y trabajar aspectos relacionados con la mejor comprensión de esta enfermedad, su aceptación y cómo identificar rápidamente cuando su familiar entra en un episodio maníaco o depresivo, además de prevenir complicaciones

"Mi hijo nos arruinó, se gastó todos nuestros
ahorros en una inversión completamente irracional.
El psicólogo nos hizo comprender que lo había

hecho porque estaba en el episodio maníaco. No era consciente de lo que hacía, entendí lo que le pasaba y dejé que regresara a casa. Quizá ahora soy yo quien más lo apoya." (Madre de paciente bipolar)

El diagnóstico de esta enfermedad lo suelen hacer los psiquiatras pero no hay un test, alguna prueba física o análisis de sangre que pueda detectar el trastorno bipolar. La observación, la entrevista clínica al paciente y a sus familiares y sobre todo si informan que han vivido un episodio maníaco son lo que nos llevará a un diagnóstico de bipolaridad.

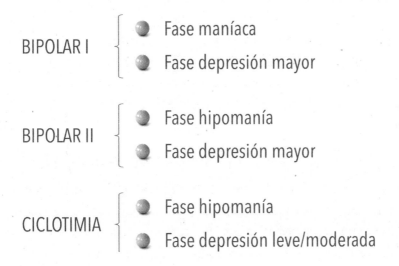

BIPOLAR I
- Fase maníaca
- Fase depresión mayor

BIPOLAR II
- Fase hipomanía
- Fase depresión mayor

CICLOTIMIA
- Fase hipomanía
- Fase depresión leve/moderada

Es más difícil diagnosticar un bipolar tipo II ya que en este caso cursan episodios de hipomanía o episodios maníacos más débiles y sólo acuden al médico cuando están en un episodio depresivo.

Las causas de un trastorno bipolar pueden ser variadas y todavía no hay una teoría lo suficientemente robusta que nos explique exactamente por qué aparece. Se sabe que si tienes antecedentes familiares en padres y hermanos hay una mayor probabilidad de sufrirlo, pero por otra parte, hay mucha gente que lo padece sin tener a nadie cercano que lo padezca.

Trastorno Bipolar tipo I

El trastorno bipolar I es en el que todos pensamos cuando hablamos de trastorno bipolar, se caracteriza por alternar los episodios de depresión mayor con los maníacos. Cuando un paciente vive el episodio maníaco, se encuentra sobreactivado, su mente está acelerada y sesgada de una manera desproporcionada hacia la positividad.

¿QUÉ SÍNTOMAS TIENES EN UN EPISODIO MANÍACO?

Uno de los síntomas más característicos es el insomnio sin sensación de cansancio. La persona duerme muy poco, por ejemplo unas tres horas, pero no parece agotarse al otro día, pudiendo incluso llegar a dormir sólo dos horas la noche siguiente sin sentirse cansada. A todos nos ha podido pasar que descansamos tres horas una noche pero al día siguiente estamos agotados y no podemos ni pensar en desvelarnos una vez más.

"Cuando vemos que se queda toda la noche sin dormir y al día siguiente hace lo mismo, sabemos que ésa es la señal de comienzo de un episodio maníaco y es el momento de llamar a su psiquiatra." (Madre de paciente con trastorno bipolar I)

Otro síntoma típico es el cambio de una conversación a otra de manera drástica. Es como si no tuvieran filtro y son tremendamente impulsivos, no tienen ningún reparo en decirte lo que piensan, les vienen muchas ideas a la cabeza y tal como les llegan las dicen, siendo un poco difícil seguirles la conversación.

"Hablaba contigo sobre la comida de ayer con su hermano y saltaba de conversación para hablar de mis zapatos y luego se ponía a hablar de maratones. En su cabeza seguro que había alguna asociación entre las ideas. Era como si no tuviera filtro y escupía las cosas tal como las pensaba." (Amigo de paciente con trastorno bipolar)

Una conducta que tiene grandes repercusiones negativas sobre sus vidas y la de la gente que los rodea es el exceso de positivismo. El paciente en el episodio maníaco ve cualquier posibilidad como una gran oportunidad sin considerar los riesgos.

Una persona puede ser positiva y decidirse a empezar un proyecto que tenía en mente o incluso llevaba planeando hacía tiempo, pero alguien en un episodio maníaco va a embarcarse en cosas que nunca le han interesado y de las que no sabe nada. No ve ningún problema, nada tiene un lado negativo y acaba tomando decisiones muy arriesgadas porque su análisis de la realidad está distorsionado hacia un exceso de positividad. No ve que pueda ocurrir nada malo involucrándose en negocios y proyectos para los que no está preparado, pero tampoco en invertir tanto sus ahorros como los de la gente que confía en él, pudiendo llevarla a la ruina económica.

> "Estaba seguro de que ese fondo de inversión iba a ir bien e hipotecó la casa para invertir. Perdimos la casa y todas nuestras posesiones, mi marido nos arruinó."
> (Esposa de paciente con trastorno bipolar)

Por otra parte también tienen una ausencia de miedo, subestiman los riesgos físicos y deciden practicar actividades sin considerar que se pueden lesionar, siendo capaces de correr durante dos horas llegando a la extenuación física o conducir y alcanzar los 200 km por hora poniendo en peligro su vida y la de otras personas.

> "Tomó al bebé en brazos y lo lanzó hacia arriba como si fuera un muñeco, todos lo miramos sorprendidos pues estuvo a punto de que se le cayera. Cuando le dije que tuviera cuidado me respondió: es mi hijo, no puedo creer que no confíes en mí." (Esposa de paciente con trastorno bipolar)

Durante el episodio de manía la persona también tiene mayor tendencia a la impulsividad sexual, se vuelven más promiscuos, tienen relaciones íntimas sin protección y otros deciden dejar a su pareja para incluso pedir matrimonio a alguien que acaban de conocer.

"Éramos una familia feliz, llegando de recoger a los niños del colegio me dijo que quería acostarse con más mujeres. Una hora después se había ido de casa, sólo tomó un abrigo. Esa noche me llamó mi amiga y me dijo que lo había visto con otra mujer a la que le pidió matrimonio. Ahí supe que algo raro pasaba, que se acostara con alguien más me podría hacer dudar, pero que le pidiera matrimonio delante de todos sus conocidos sabiendo que estaba casado... algo no anda bien, me dije." (Esposa de paciente con trastorno bipolar)

En este estado de euforia también son más proclives a probar drogas, lo que acentúa aún más la fase de manía. Muchos de los pacientes en episodios maníacos presentan un nivel de activación tan alto que tienen que ser hospitalizados. Esta fase es tan notoria que la mayoría de la gente detecta que hay algo extraño en esa persona o incluso que no está en sus cabales.

EL EPISODIO DEPRESIVO

La fase depresiva es el equivalente a una depresión mayor, (los síntomas son los que mencioné en el apartado dedicado a la misma), llegando a ser incapacitante y corriendo el riesgo de suicidio.

"En aquella época no sabíamos que era bipolar I. Me llamó a las doce de la noche para contarme el plan. Compró vuelos para toda la familia, estábamos felices, iba a unirnos a todos los integrantes, los hermanos y nuestros hijos juntos. A la semana siguiente estaba en cama sin querer ni levantarse a comer, cancelamos el viaje. Eso me hizo pensar que mi hermano tenía un problema." (Hermana de paciente con trastorno bipolar)

Trastorno bipolar tipo II

El trastorno bipolar tipo II se caracteriza por tener los mismos episodios de depresión que el tipo I, pero en vez de episodios de manía, son de hipomanía.

La hipomanía es una manía mucho más leve y que además dura menos tiempo. En esta fase la persona se siente con energía para hacer de todo, está muy motivada sin llegar a hacer excentricidades. Sus conocidos no notan nada extraño, simplemente lo sienten más positivo. Esto hace que la mayoría de la gente a su alrededor no detecte que ese "positivismo" es un episodio de hipomania.

"Yo sólo notaba que me sentía con fuerzas y ganas para todo, dormía 5 horas al día, en el trabajo estaba mucho más motivada, hacía dos horas de ejercicio en vez de una, no había razón alguna para ir al médico, me sentía mejor que nunca y la gente me lo decía, te ves feliz." (Paciente Bipolar II)

Desafortunadamente la dificultad para evaluarlos adecuadamente en el episodio de hipomanía hace que este tipo de pacientes sólo pidan ayuda cuando entran en el episodio de depresión, por lo que hay personas que son diagnosticadas erróneamente con depresión. Eso provoca

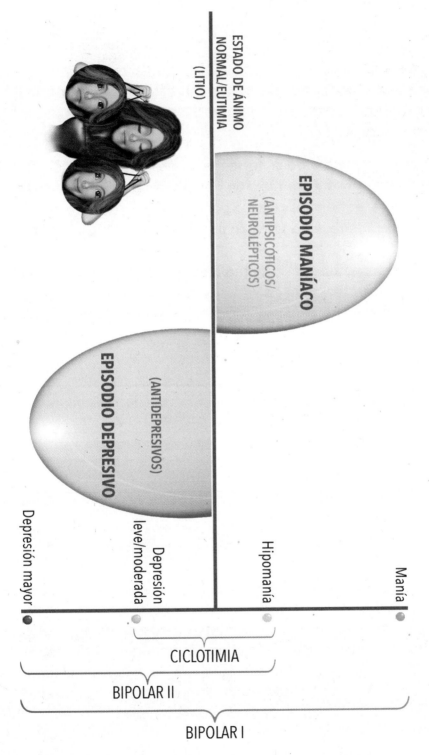

TIPOS DE TRASTORNOS BIPOLARES Y TRATAMIENTOS

ESTADO DE ÁNIMO
NORMAL/EUTIMIA

(LITIO)

EPISODIO MANÍACO

(ANTIPSICÓTICOS/
NEUROLÉPTICOS)

EPISODIO DEPRESIVO

(ANTIDEPRESIVOS)

Depresión mayor

Depresión
leve/moderada

Hipomanía

Manía

CICLOTIMIA

BIPOLAR II

BIPOLAR I

que el padecimiento se agrave, ya que el tratamiento que necesitan recibir los pacientes con trastorno bipolar tipo II es distinto al que se prescribe a los pacientes con depresión mayor.

Un paciente bipolar corre mayor riesgo de suicidio si no se le diagnostica adecuadamente. La razón es que si de manera errónea es tratado por depresión y se le receta un antidepresivo, este fármaco los lleva al estado de hipomanía en el que tienen más energía y pueden materializar las intenciones suicidas que tenían cuando estaban en el episodio depresivo. En definitiva, esas ideas siguen latentes y si su propósito es quitarse la vida, su cuerpo está activado para hacerlo.

"Cuando tenemos un paciente con depresión tenemos que descartar cualquier señal de hipomanía que nos haga sospechar que su depresión es causada por un trastorno bipolar tipo II. Medicarlo con un antidepresivo y no darle seguimiento es darle fuerzas para suicidarse." (Psiquiatra)

Ciclotimia

Se caracteriza por tener cambios del estado de ánimo pero no tan extremos como en los dos casos anteriores, los pacientes cursan episodios de hipomanía y de depresión moderada. Muchos lo comparan con la distimia en la depresión pero aplicado a trastornos bipolares. Una característica de la ciclotimia es que puede estar presente en el paciente durante muchos años sin saber que la padece. Si se diagnostica a tiempo puede prevenir que avance a un trastorno bipolar o evitar complicaciones asociadas sobre todo a la depresión moderada.

"Muchos pacientes que tienen ciclotimia en la fase de depresión tienden a beber más y esto les hace más vulnerables a volverse alcohólicos." (Psiquiatra)

TRASTORNO DISFÓRICO PREMENSTRUAL Y OTROS

En el nuevo manual DSM5 se incluye el trastorno disfórico premenstrual; los síntomas referidos son cambios de ánimo que se presentan días antes de que a la mujer le venga la regla como irritabilidad, tristeza y cansancio, hasta el punto de impedirle desarrollar sus labores rutinarias. Si bien muchas mujeres sienten esos cambios de ánimo, tienen que ser muy severos para que se consideren un trastorno.

"No es que estuviera de mal humor, me ponía terriblemente agresiva, rompía cosas, estaba irritable, no era yo. Pasaba mi periodo y era otra persona. Llegué a pensar que era bipolar." (Mujer con trastorno disfórico premenstrual)

Cómo se tratan los trastornos bipolares

Es importante entender que los fármacos son parte vital del tratamiento del trastorno bipolar. Este padecimiento no tiene cura pero puede ser bien controlado si se trata apropiadamente y a tiempo, si esto no pasa los episodios pueden durar meses y poner en riesgo la vida del paciente.

"El primer episodio maníaco duró mucho, no sabíamos que era bipolar. Se acostó con mucha gente, le contagiaron una ITS y lo tuvimos que ir a buscar a Londres, había entrado en una secta." (Madre de paciente con trastorno bipolar)

Con la medicación los episodios se hacen más cortos y previene que reaparezcan, la clave es identificar el momento en que se presenta el estado de manía.

Es vital conocer los cambios que tiene el paciente cuando empieza con el episodio maníaco, la clave es reconocer exactamente cómo cambia su manera de actuar para tratarlo de inmediato. Por eso es tan importante que la persona sea consciente de su padecimiento, ya que tiene que dar permiso a alguien de confianza para que cuando vea las señales de esta etapa se ocupe de que sea tratada de inmediato.

"Ya lo conozco. Se empieza a acostar tarde y veo que tiene la habitación cerrada pero sigue con la luz hasta las tres de la mañana. Cuando me despierto lo veo preparándome el café, proponiéndome que nos

> *vayamos de viaje y puede que hasta haya comprado los vuelos, entonces, ya tengo el permiso consentido de él para cancelarle la tarjeta y llevarlo al psiquiatra."*
> *(Compañero de departamento de paciente con Trastorno Bipolar I)*

Para evitar una recaída se dan fármacos eutimizantes, los cuales sirven para mantener el equilibrio del estado de ánimo y consecuentemente previenen nuevos episodios maníacos o depresivos.

El eutimizante más utilizado es el litio, que ha sido recetado casi durante más de cuatro décadas, aunque también se recurre al ácido valproico o carbamazepina.

Es importante que el paciente acuda a un psiquiatra experto en este padecimiento y que éste conozca bien a la persona. Parte del éxito de la terapia es adaptar bien las dosis al perfil del enfermo. Si para tratar una fase maníaca las dosis fueran demasiado altas se podría bajar su estado de ánimo a tal grado que lo llevara a un episodio depresivo, que es precisamente lo que se trata de evitar. Como otros muchos estabilizadores, el litio tiene efectos secundarios; puede aumentar la sed, las ganas de orinar o impactar en la memoria.

> *"Utilizamos fármacos eutimizantes o estabilizadores del estado del ánimo como el litio. Los hacemos para prevenir las oscilaciones del estado de ánimo y mantenerlo sin altas ni bajas. Podemos prevenir que el paciente no tenga*

*ni episodios maníacos ni depresivos. Esto a su
vez previene tener que utilizar antidepresivos y
antipsicóticos." (Psiquiatra)*

Algunos pacientes también se quejan de que puede amo-
dorrarles emocionalmente, es decir, que no sienten ni felicidad ni tristeza. En defensa del litio, muchos de los efectos secundarios están causados por no tomar la dosis adecuada. Para asegurarse de que la concentración de litio en
sangre es efectiva y cause mínimos efectos secundarios se
deben hacer análisis de sangre periódicos, ésta es una razón por la que los pacientes optan por otros medicamentos que también son muy efectivos.

*"El problema del litio es adecuar las dosis exacta
a cada paciente. Esto no es ciencia perfecta y hace
que muchos pacientes lo rechacen al principio ya
que les dio más efectos secundarios de los deseados."
(Psiquiatra)*

No siempre se pueden controlar los episodios maníacos,
sobre todo al principio, si esto ocurre, se utilizan los antipsicóticos también llamados neurolépticos; normalmente
el efecto que producen es sedante y reducen las ideas delirantes.

*"Si conoces bien a tu paciente, lo mantienes
controlado con litio y le haces sus controles para
que no tenga efectos secundarios, la probabilidad de
un episodio maníaco es mucho menor. Si se diera lo
reconoces a tiempo, lo medicas con los antipsicóticos*

de segunda generación y no hay más problema.
Tengo pacientes que llevan mucho tiempo sin un solo
episodio maníaco ni depresivo." (Psiquiatra)

Los nuevos antipsicóticos tienen menos efectos secundarios que los de antes y sólo se utilizan durante la fase maníaca, una vez controlado el paciente se retiran. Para los episodios de depresión se les puede prescribir un antidepresivo, aunque el paciente tiene que ser observado muy de cerca por el especialista para controlar que no le induzca a un estado maníaco.

"Si el paciente está en un episodio maníaco, ya no
utilizamos los antipsicóticos de primera generación
o típicos como el haloperidol, éstos causaban graves
efectos secundarios. La mayoría de los psiquiatras
preferimos los de segunda generación como la
risperidona, tienen menos efectos secundarios y son
similares en eficacia." (Psiquiatra)

Como mencioné anteriormente, una persona con trastorno bipolar tipo II corre el riesgo de ser mal diagnosticada y acabar erróneamente siendo tratada con antidepresivos por pensar que es un paciente con depresión mayor. Estos fármacos lo pueden llevar a un episodio de hipomanía que le dé "fuerzas" para suicidarse. Por eso, si sufres de depresión pero has reconocido por esta lectura que puedes tener episodios de hipomanía es importante que consultes con un psiquiatra.

TRASTORNOS DE
ANSIEDAD

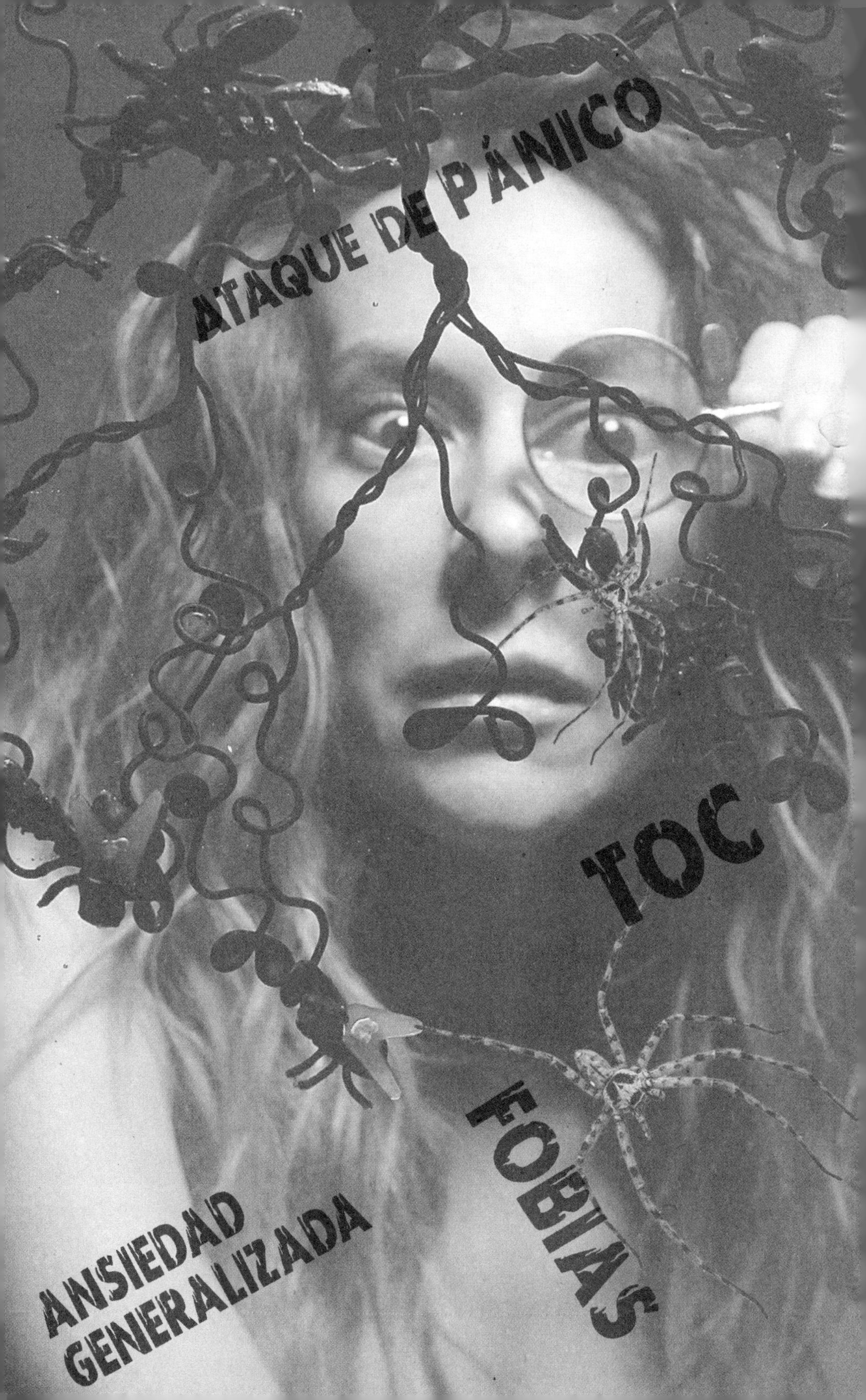
ATAQUE DE PÁNICO
TOC
FOBIAS
ANSIEDAD GENERALIZADA

TRASTORNOS DE ANSIEDAD

¿QUÉ ES LA ANSIEDAD?

Una de la grandes amenazas que acecha constantemente nuestro bienestar es la ansiedad. Muchos de los trastornos mentales y emocionales están vinculados en gran medida a ella. Si bien es cierto que en niveles bajos puede resultar beneficiosa, es probable que en exceso llegue a dilapidar nuestra salud emocional y física.

Explicado de una forma sencilla, la ansiedad es una respuesta de la mente y el cuerpo que nos pone en estado de alerta y nos prepara para enfrentar un peligro. Esto quiere decir que un nivel moderado de ansiedad nos puede ayudar a responder mejor ante una situación de amenaza. Pero cuando se sufre de manera desmedida o permanente, pierde su utilidad para actuar adecuadamente, llevándonos a reaccionar exageradamente ante circunstancias que no implican riesgo alguno o que sean poco probables de ocurrir.

Esto puede hacer que acabemos desarrollando desde una personalidad ansiosa que nos "autosabotea" constantemente, hasta detonar trastornos asociados con ella como las fobias, depresión o incluso un debilitamiento del sistema inmunológico que nos haga caer enfermos.

En toda enfermedad mental es vital conocer el nivel de gravedad y que tan incapacitante se vuelve, y la ansiedad no es la excepción. Estar expuesto constantemente a situaciones de inquietud o percibidas como tales por la persona puede incluso provocar cambios en la química cerebral.

Quien padece de ansiedad es más receptivo a cualquier señal o movimiento brusco y lo procesa como riesgo, activando el mecanismo de ataque o huida. Nuestra forma de interpretar las señales va a funcionar como un filtro de lo que ocurre alrededor y nos va a convertir en personas con más o menos ansiedad, o incluso hacer que nuestra personalidad se vuelva ansiosa. Los patrones familiares de análisis de la realidad los adquirimos de nuestros padres, por lo que existe una alta probabilidad de que de padres ansiosos resulten hijos ansiosos.

"Soy como mi madre, no me puedo tranquilizar, si mi hijo sale, siempre pienso en todo lo malo que le puede pasar, un accidente o un robo. No duermo si está fuera." (Hija de madre ansiosa)

Rasgos de personalidad ansiosa

Un rasgo característico de la persona ansiosa es que tiende a ver su medio ambiente como amenazante y lleno de peligros. Si sale a la calle piensa que le van a robar, si está en casa cree que puede haber un incendio o si conduce teme que pueda ocurrir un accidente. ¿Te imaginas que agotador es hacer estas actividades diariamente y vivirlas como si fueran un riesgo latente?, su cuerpo está en estado de alerta constante.

CARACTERÍSTICAS DE UNA PERSONA CON ANSIEDAD

- Perciben todo como una emenaza
- Están en constante estado de alerta
- Necesitan estar en control
- Tienen problemas de concentración y de atención
- Son perfeccionistas y muy autocríticos
- Tienen mayor nivel de creatividad
- Hipersensibles a cualquier alarma
- Reaccionan más agresivamente ante cualquier amenaza
- Pensamientos negativos repetitivos sobre sí mismos
- Piensan en todos los posibles escenarios negativos
- Tienden a ser absolutos, o todo o nada, o está perfecto o está mal

Esta condición te impide disfrutar el presente y te hace reaccionar ante cualquier estímulo como si fuera a causarte daño. Esto provoca que las personas que padecen de ansiedad sean más irritables y ante cualquier comentario ya han desenvainado la espada y están preparadas para pelearse.

> "Sólo le dije que era mi turno en la fila porque pensé que no me había visto. Me empezó a gritar, ¿usted qué se cree que yo me dedico a engañar?, ¡Yo no soy un tramposo, a mí nadie me falta al respeto! No dije nada, cuando abordamos el avión y lo vi calmado le pasé mi tarjeta." (Psiquiatra)

En muchas personas agresivas, lo que subyace a su enfado es un gran nivel de ansiedad. Al estar activadas para responder en cualquier momento, es fácil vaciar el cargador de balas de ira. Un comentario que para otros ha sido una crítica constructiva lo pueden ver como una agresión y responder de manera violenta tanto verbal como físicamente. Es lo que algunos describen como "estar a la defensiva".

Donde también podemos ver reflejado el grado de ansiedad y frustración de la gente es en su forma de conducir. Una personalidad estable, ante un coche que se mete en su carril, lo ignora o ni lo percibe, pero alguien ansioso ya tiene todo su cargamento de balas emocionales listo para reaccionar de una manera desproporcionada, rebasando de forma agresiva o frenando en seco, poniendo la vida de otros y la suya en un riesgo completamente innecesario.

"Se me adelantó. No podía dejar que se saliera con la suya, lo seguí, quería alcanzarlo y enfrentarlo. Chocamos de frente con otro coche. Perdí la razón."
(Paciente ansioso)

Por otra parte, la ansiedad tiene un efecto nefasto en las relaciones de pareja tanto a nivel sexual como afectivo, siendo la causa de muchas disfunciones sexuales, donde cualquier malentendido puede dar lugar a una respuesta desproporcionada o incluso agresiva.

"Sólo le pregunté la causa de que llegara tarde y él me gritó: ¡Si no trabajo hasta tarde quién va a pagar esta casa! Desde que tomó ese nuevo trabajo con ese jefe tan difícil mi marido cambió completamente."
(Esposa de paciente ansioso)

Ante esa visión del entorno tan amenazante, desarrollan un mecanismo de protección que consiste en intentar dominar cualquier contingencia posible que perciban como dañina, en definitiva, tener todo bajo control. Puedes imaginar cómo permanecer en esta condición supone un desgaste emocional y pasa factura a largo plazo.

Como consecuencia de vivir en constante estado de alerta ante cualquier estímulo, su capacidad de concentrarse en la actividad que llevan a cabo en ese momento se ve mermada, por lo que pueden padecer problemas de concentración y de memoria.

No se sabe si es debido a su nivel de ansiedad o si esa capacidad creativa es innata, pero lo cierto es que estas personas tienden a ser más ingeniosas y eso también puede hacer que imaginen situaciones mucho más catastrofistas que el resto. Algunos lo visualizan con tal detalle que se sugestionan y les crea todavía mayor nivel de inquietud.

Pero no sólo las ideas negativas son responsables de nuestra ansiedad. Hay un tipo o modelo de personalidad que puede hacernos daño, el "yo puedo con todo". Aunque es bueno pensar en positivo, aquellos que actúan así ignoran las necesidades de su cuerpo con tal de conseguir sus objetivos. Durante un tiempo esto les funciona, pero siguen con ese modelo de privarse de horas de sueño, un exceso de cafeína, no comen sano, no hacen ejercicio, se llenan de actividades que les llevan al agotamiento mental y, en definitiva, se vuelven una olla de presión que puede explotar en cualquier momento.

"Siempre había entregado todo a tiempo. Una noche me desperté oyendo voces, de verdad que las oía, pensé que era alguien del más allá. Quien se había ido al más allá era yo, estaba padeciendo de alucinaciones auditivas causadas por un trastorno grave de ansiedad." (Paciente con ansiedad)

Probablemente mucha de la gente que tiene ahora ansiedad hace cincuenta años no la hubiera tenido, nuestro ambiente es altamente ansiógeno. Nos envía constantemente mensajes de peligro, como que si no estudias no vas a ser nadie en la vida, que si tu cuerpo no es perfecto nadie te va a aceptar, que si no te proteges te pueden robar, que si no tienes cuidado puedes tener un accidente de tráfico, que si no estás disponible en tu teléfono las 24 horas en tu trabajo te pueden despedir o que si no contestas un mensaje van a pensar que no les importas.

Agotador, ¿verdad? Pues todas estas señales pueden ser interpretadas como amenazas. Antes no era necesario aprender a relajarse, era algo muy hippie, pero hoy se tendría que convertir en asignatura obligatoria en las escuelas. Si hubiéramos aprendido a controlar nuestros niveles de ansiedad seguramente este libro tendría la mitad de páginas, pero dada la situación actual, si lo escribo dentro de cinco años tendrá el doble.

Se ha vuelto un problema mundial no sólo de salud mental sino también física. La ansiedad también impacta en nuestro sistema inmune, lo debilita y acaba enfermándonos o causándonos problemas gástricos y hasta migrañas.

"Me estaba perdiendo. Estaba de mal humor con todo el mundo, hasta me había vuelto agresivo, no dormía con tal de acabar mi trabajo. Luego sufrí de agorafobia, no podía ni ir a trabajar. El que tenía un problema era yo y hasta que mi cuerpo no me obligó a frenar no lo entendí. Me dieron tratamiento y he cambiado completamente mi estilo de vida. Ahora todos los días al levantarme y acostarme hago mis ejercicios de relajación, si estoy cansado duermo en vez de tomar café. Cuido mi cuerpo en vez de llevarlo al límite." (Paciente con agorafobia)

Aunque la mayoría de los padecimientos o alteraciones tiene un componente de ansiedad, los que incluyo a continuación, a mi modo de ver, están más fuertemente asociados a ella. No me he guiado al pie de la letra por la clasificación de los manuales diagnósticos, como el DSM5 o CIE 10, pues este libro no está enfocado ni a los psicólogos ni a los psiquiatras. Estos manuales son herramientas que les ayudan a evaluar y diagnosticar a los pacientes. Sin embargo, este libro está enfocado en hacerte más sencillo el conocer y entender los padecimientos emocionales y mentales.

TRASTORNO DE ANSIEDAD GENERALIZADA (TAG)

Uno de los problemas psicológicos más frecuentes es el trastorno de ansiedad generalizada (TAG), aunque la mayoría de la gente que lo presenta no reconoce sufrirlo. Una persona que padece TAG tiene un grado de preocupación muy superior al que se esperaría ante la realidad que está viviendo. El individuo se siente muy tenso, tiene la sensación de que algo malo va a suceder pero no sabe qué es exactamente y no identifica ningún problema en su vida que sea tan amenazante como para estar tan intranquilo y preocupado.

"Me sentía muy nervioso, como que estaba en peligro, pero no entendía nada porque estaba en casa con mis amigos, empecé a tener palpitaciones que se sentían en la cabeza. Es una situación horrible."
(Hombre con TAG)

La persona no sabe ni entiende por qué está así de aprensiva y no hay una razón precisa o un acontecimiento concreto que explique su preocupación.

Además de sentirse tensa por la angustia de que algo malo va a suceder pueden aparecer distintos síntomas como palpitaciones, temblor, sudoración, mareos, dificultad al respirar, sequedad de boca o sensación de mareo. Es un estado de alerta permanente pero sin entender por qué se siente así, ya que no existe una amenaza inminente.

> *"Estoy en casa sola sin ningún problema aparente y de repente me viene una sensación terrible de que algo malo va a pasar. Siento palpitaciones y me sudan las manos. Llamo a mi marido y cuando me pregunta qué me pasa y por qué estoy así, le respondo que no lo sé." (Paciente con TAG)*

Es común que se diagnostique TAG a partir de una consulta al psicólogo o psiquiatra por un problema de depresión mayor. También se da más frecuentemente entre las personas mayores de sesenta y las diagnostican cuando acuden al médico por otra dolencia.

Además, ese estado de preocupación constante los hace más vulnerables al abuso de sustancias con efecto sedante como el alcohol o al consumo de ansiolíticos.

> *"Me sentía agotada de estar siempre tan tensa, lo único que me calmaba era el Rivotril y me acostumbré a tomar un cuartito de pastilla, luego media y luego*

una entera. Cuando fui al médico a pedir más me dijo que fuera urgentemente al psiquiatra si no quería acabar adicta." (Paciente con TAG)

Aunque es más común en aquellos que tienen personalidad ansiosa o han vivido un evento estresante, también aparece en personas que nunca lo han experimentado. Lo que también es muy curioso es que hay personas que se acuerdan de haber sido así prácticamente toda su vida y nunca acudieron a un especialista. ¿Te imaginas lo desgastante que es para alguien ese sinvivir de preocupación constante? ¿Quién puede disfrutar de su existencia si se la vive de esa manera?

"Me acuerdo de ser así desde muy joven, me preocupaba por todo, sentía que algo malo iba pasar, mis amigas me llamaban la suspiros." (Mujer con TAG)

Dependiendo de la severidad del TAG así será su tratamiento. Para controlar rápidamente el pico de ansiedad inicial el psiquiatra receta benzodiacepinas, éstas tienen un gran efecto tranquilizante. Después o las retira u opta por recetar antidepresivos. Los antidepresivos también son muy eficaces en reducir la ansiedad, tardan más en hacer efecto pero tienen muchos menos efectos secundarios que las benzodiacepinas.

Parte vital de este tratamiento es la psicoterapia, el paciente va a aprender a controlar las reacciones físicas y mentales que la detonan y con ello prevenir que pase en el futuro.

TRASTORNO DE ESTRÉS POSTRAUMÁTICO (TEP)

Este trastorno es causado por haber vivido u observado un acontecimiento altamente traumático como una violación, robo, accidente de coche, secuestro, una enfermedad grave, muerte o un desastre natural. Con el objetivo de identificar esa experiencia lo antes posible y estar preparado para reaccionar a tiempo, nuestra mente genera un "sistema de recuerdo" que puede causar más daño que el hecho en sí. Un estímulo que estuviera presente cuando ocurrió el evento traumático, por ejemplo, el olor de la cazadora de cuero que llevaba el violador, si es percibido por la persona en otro contexto, puede detonar una cascada de emociones y reacciones físicas parecidas a las del día del ataque.

> *"Cada vez que vez que se mueve la luz de la lámpara me bloqueo, empiezo a sudar y el corazón se me sale del pecho. Pienso en otro terremoto y no puedo ni caminar." (Paciente con TEP)*

Esto genera conductas de evitación, aislamiento y un exceso de activación y preocupación por cualquier estímulo que recuerde en algo al evento traumático. Por ello, es recomendable que todas las personas que han vivido un suceso muy impactante acudan al psicólogo. Aunque el momento ya haya pasado las secuelas en los pensamientos pueden quedar latentes, pero si son tratadas a tiempo se pueden neutralizar para que no tengan ese efecto boomerang.

TRASTORNO DE PÁNICO CON AGORAFOBIA

Anteriormente llamado neurosis de ansiedad, el Trastorno de Pánico (TP) es un motivo frecuente por el que acuden muchas personas al psicólogo o psiquiatra. No siempre el TP va acompañado de agorafobia, pero es bastante frecuente.

¿Cómo aparece un trastorno de pánico (TP)?

Inicialmente la persona sufre un ataque de pánico, también llamado crisis de ansiedad. El TP consiste en la aparición de palpitaciones muy fuertes (incluso algunos dicen que sienten que les está dando un ataque al corazón) y puede ir acompañado de mareo, sensación de ahogo o falta de aire y sudoración intensa. Estas crisis pueden durar desde cinco minutos hasta casi una hora y desaparecen espontáneamente, el individuo siente literalmente que se está muriendo por algo causado por su cuerpo y no lo relaciona con ansiedad.

"Pensé que era un ataque de asma, salí a la terraza, me estaba ahogando, me temblaban las piernas y sudaba. Me iba a morir asfixiado." (Paciente con TP)

Si bien hay personas que antes del ataque de pánico han pasado por una situación estresante, otros lo presentan sin haber experimentado previamente ninguna tensión. El ataque se convierte en un trastorno cuando la persona, en lugar de entender que fue algo fortuito, se preocupa en exceso de que le vuelva a ocurrir y crea una constante ansiedad anticipatoria. En otras palabras, si ya viven con gran temor de repetir la experiencia entonces sufren de un trastorno de pánico.

> *"Pensaba que me estaba volviendo loco, me sentía fuera de mi cuerpo y la sensación de taquicardia era horrible. ¿Cómo no iba a vivir aterrorizado de poder volver a vivir una experiencia así?"* (Paciente con TP)

Se vuelve demasiado consciente de todas las sensaciones de su cuerpo. Por ejemplo, a todos a veces nos da un pinchacito en el estómago o notamos el latido del corazón en alguna parte de nuestro cuerpo, pues en el caso de una persona con TP eso será magnificado hasta el punto de poder llegar a detonar un nuevo episodio de pánico.

Como mencionaba antes, no siempre aparece la agorafobia tras un TP. De hecho, hay muchos malos entendidos en relación a esta palabra. Etimológicamente su origen quiere decir miedo al espacio abierto, pero no coincide con lo que los psicólogos y psiquiatras llaman agorafobia. Este trastorno es el miedo a sufrir un ataque de pánico en una situación en que la persona ve difícil escapar o le daría mucha vergüenza hacerlo.

Dependiendo de su carácter, así serán los espacios que va a evitar. Alguien que es vergonzoso y tímido no asistirá a un evento público, aunque sea con poca gente. Una persona que padece de ataques de pánico puede ver un cine como un sitio muy seguro porque piensa que si le pasa algo habrá una unidad médica cercana, mientras que otra lo percibe como un lugar peligroso y no quiere ir porque no soportaría la presión de salir corriendo y que todo el mundo lo viera. En lo que sí suelen coincidir, es en el miedo a los espacios cerrados o de los que no tienen escapatoria como los aviones, los barcos y otros transportes públicos.

En este cuadro explico el mecanismo de acción y la relación entre un ataque de pánico, el trastorno de pánico y agorafobia.

A partir de un solo ataque de pánico, podemos desarrollar un trastorno de pánico y éste podría llevarnos a asociar ciertos lugares o situaciones a que sea más fácil que nos detonen un ataque de pánico, ya sea por no tener escapatoria o por vergüenza a salir corriendo. Si esto nos pasa estamos hablando de un trastorno de pánico con agorafobia.

Si tras un ataque de pánico fuéramos al médico y descartáramos cualquier problema físico y después consultáramos al psicólogo o al psiquiatra, muchos podrían prevenir la aparición de un trastorno de pánico con agorafobia. Aunque las personas que lo viven sienten que no tienen solución la realidad es que los tratamientos son muy eficaces.

"No podía ni salir de casa, en cuanto cruzaba la calle me daban mareos, me ahogaba, antes me pasaba sólo si iba a conciertos, después era en todos lados. Es increíble que pueda volver a disfrutar de los festivales de música." (Paciente con TP y Agorabofia)

ATAQUE DE PÁNICO (CRISIS DE ANSIEDAD) CON AGORAFOBIA

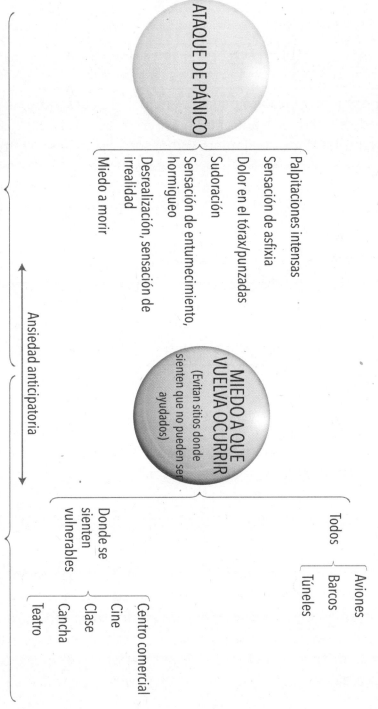

ATAQUE DE PÁNICO

- Palpitaciones intensas
- Sensación de asfixia
- Dolor en el tórax/punzadas
- Sudoración
- Sensación de entumecimiento, hormigueo
- Desrealización, sensación de irrealidad
- Miedo a morir

MIEDO A QUE VUELVA OCURRIR
(Evitan sitios donde sienten que no pueden ser ayudados)

- Todos
  - Aviones
  - Barcos
  - Túneles

- Donde se sienten vulnerables
  - Centro comercial
  - Cine
  - Clase
  - Cancha
  - Teatro

TRASTORNO DE PÁNICO

Ansiedad anticipatoria

AGORAFOBIA

FOBIAS ESPECÍFICAS

Experimentar temor o miedo es natural y necesario, ya que puede ayudarnos a enfrentar o evitar situaciones peligrosas y nos adapta gradualmente al entorno cambiante en que vivimos. Pero cuando se vuelve desproporcionado ocurre todo lo contrario, se torna disfuncional y desadaptativo llegando incluso a paralizarnos. En este punto ya hablamos de un tipo de trastorno de ansiedad llamado fobia.

Quienes lo padecen, además del sentimiento de terror, presentan síntomas físicos como temblores, palpitaciones, sudoración excesiva o falta de aire, llegando a sentir incluso que se pueden morir. La persona que tiene fobia sufre una ansiedad abrumadora cuando es expuesta al estímulo que teme, hasta el punto de querer salir corriento.

"Tengo fobia a las arañas, mis amigos lo sabían, pero alguien tuvo la idea de hacerme una broma. Gritaron, ¡tienes una araña en el pelo! Empecé a saltar, salí corriendo, me resbalé y me rompí el tobillo. Si hubiera sido verdad era preferible romperme el tobillo a tener una araña en mi cabeza." (Mujer con fobia a las arañas)

Prácticamente todo tiene el potencial de crear una fobia. Las que son específicas se producen cuando aquello a lo que tememos está claramente identificado, pero cuando no son precisas la cosa es más complicada, pues no está tan claro aquello que da miedo y justo por eso es más difícil de tratar.

La parte más interesante de una fobia es que, cuando alguien la padece, normalmente se basa en un temor razonable pero lo vuelve desproporcionado.

A una persona con miedo a las arañas no le puedes quitar la razón, efectivamente puede ser picada por una. Pero ¿es lógico que si le mencionas la palabra "araña" empiece a sudar, se ponga nerviosa e intranquila?, ¿sólo con mencionarla?, ¿no, verdad?, pues por mucho que se lo expliques, su pavor no va a desaparecer.

Afortunadamente la terapia de desensibilización sistemática es altamente efectiva. He sido testigo de cómo gente que tenía fobia a los pájaros acaba con uno en su mano, igual que personas que preferían recorrer 2,500 km en coche por no tomar un avión terminan volando. El tratamiento proporciona grandes resultados. Gradualmente, apoyado siempre por el psicólogo, el paciente se va acercando al objeto de la fobia. A la vez se van trabajando todos los pensamientos irracionales y todas sus implicaciones. Por otra parte, se enseñan métodos de relajación que ayudan a la persona a recuperar el control sobre sus pensamientos, reacciones físicas y emocionales.

"Subía ocho pisos por las escaleras con tal de no tomar el elevador, lo podía hacer dos o tres veces al día. Tardé cuatro meses en quitarme esta fobia. Fue muy emotivo cuando entré por primera vez con mi hijo a uno y vi su cara de orgullo cuando lo observé apretar el botón del piso al que íbamos." (Paciente con fobia)

FOBIA SOCIAL O TRASTORNO DE ANSIEDAD SOCIAL (TAS)

Los seres humanos somos seres sociales, necesitamos y vivimos en constante interacción. El TAS es un miedo o ansiedad intenso a una o más situaciones en las que la persona se siente expuesta al escrutinio y a la crítica.

SITUACIONES TEMIDAS POR UNA PERSONA CON FOBIA SOCIAL

- Hablar en público ante una audiencia
- Comer o beber en público
- Actuar ante otras personas
- Encuentros sociales
- Celebraciones
- Conversar con un grupo pequeño
- Entrar en una sala cuando el resto está sentado
- Encuentros con personas que le atraen sexual o emocionalmente
- Tropezarse en público
- Cantar en público
- Ser el centro de atención

La persona con fobia social tiene miedo a lugares o situaciones donde se siente observada, incluso realizando actividades rutinarias, como comer delante de otras personas. Otras situaciones que le pueden dar miedo son dar una charla o tener que relacionarse con otras personas, como al entablar una conversación o presentarse ante otros. Una característica clave es el miedo a la sensación de escrutinio por parte del resto, la persona tiene un gran miedo a que se rían, la critiquen o comenten algo de ella.

> *"Nada más entrar en clase siento que me están mirando, criticando mi ropa, y también pienso que se van a reír de mí, me tiemblan las piernas y creo que me voy a caer." (Mujer con TAS)*

La presión de sentirse observados es tan grande que algunos, al imaginar que son duramente juzgados, pueden llegar incluso a desmayarse.

> *"Saber que todos me están observando me trae a la cabeza que algo estoy haciendo mal y se van a burlar. Prefiero comer solo que vivir bajo esa tensión tan grande, no la puedo controlar." (Hombre con TAS)*

Dependiendo del grado de TAS, se puede vivir como una situación altamente incómoda o incapacitante, hasta el punto de terminar llevando a la persona al asilamiento. Al principio empieza a evitar ciertas situaciones hasta llegar a apartarse por completo. No es que no quieran contacto social, lo evitan por miedo al reproche o a la presión grupal.

Mucha gente que padece de TAS no acude a la consulta porque piensa que se trata de un problema de timidez y es normal evadir ciertas situaciones sociales.

Encontrar pareja emocional o sexual se vuelve especialmente complicado pues el primer encuentro se vuelve muy difícil.

> *"Se me hacía imposible quedar con una chica que me gustaba. Imaginar encontrármela, sólo de pensarlo, me ponía a temblar. Siempre cancelo en el último momento y obvio que no me quieren volver a ver."*
> (Chico con TAS)

En estos casos un acercamiento gradual puede ayudar, primero una llamada, luego un cara a cara a través de la cámara de los teléfonos y una vez que no exista tensión, se procede al encuentro personal. Si para ti la timidez representa un problema, podrías padecer TAS y cuanto antes acudas a un psicólogo clínico será más fácil de controlar. Cuanto más lo pospongas, será mayor el número de situaciones que querrás evitar, te aislarás y el aislamiento te hará más vulnerable a padecer otros trastornos como depresión o un trastorno de la alimentación.

Como en otros trastornos de ansiedad, el psicólogo aplicará técnicas cognitivo-conductuales y entrenamiento en habilidades sociales con el objetivo de disminuir la angustia a la hora de la interacción.

Trastorno de personalidad obsesivo o tipo anancástico

Seguro que cuando leas esto reconocerás como tal a gente de tu entorno o incluso a ti mismo, porque se calcula que hasta 10% de la población puede padecer, en mayor o menor grado, una clase de personalidad obsesiva o tipo anancástico. Cuando hablo de la personalidad de alguien me refiero a cómo se comporta, a su forma de pensar y qué siente con respecto a esas ideas. La persona con este trastorno tiene la necesidad de tener todo bajo control. Detesta las sorpresas ya que implican que algo puede salir mal o poner en riesgo a él mismo y a sus seres queridos.

RASGOS DE UNA PERSONALIDAD ANANCÁSTICA

- Perfeccionismo excesivo muy autocrítico
- Hiperresponsabilidad
- Tendencia al control y previsión excesiva
- Sentimiento de frustración e incompresión
- Intolerancia a los errores
- Siguen mucho las reglas, sentimiento excesivo de justicia
- Tendencia a pensar siempre en lo peor
- Extrema sensibilidad a las críticas
- Búsqueda del poder dentro del grupo para disminuir riesgos, más que para ser reconocidos

La mayoría de las personas que lo padecen no ve un problema en ser de esa manera, salvo que llegue a un grado extremo, interfiera en la relación con un ser querido o le cause un conflicto laboral fuerte. Dependiendo del nivel de obsesión así será su grado de ansiedad. Cuando su escala es muy alta, nada, absolutamente nada, puede quedarles sin atar. Tienen que dejar todo completamente planeado para no arriesgarse a que algo malo pueda ocurrir.

Para ellos el resultado de que no pase todo como lo planean lo visualizan mucho más "catastrófico" de como sería si realmente ocurre lo que tanto temen. Piensan en una situación negativa hasta sus últimas consecuencias y sólo de imaginársela sienten muchísimo malestar y ansiedad. Por tanto, la única manera de que eso no pueda suceder es tener todo controlado.

Esta forma de ser les crea una gran inquietud, siempre están en estado de alerta, preocupados por cualquier contingencia que pueda presentarse. Si sienten que no está todo bajo control su ansiedad aumenta y su carácter se vuelve más arisco e irritable.

> *"Le dije que le había cambiado la mesa, le habían ofrecido una mejor, su reacción fue muy agresiva y gritó: ¡pero quién te crees tú para cambiarme la mesa!"*
> (Esposa TPO)

Es importante entender que no buscan mandar o reconocimiento, pero sí asegurarse de que no haya ninguna sorpresa, por lo que se vuelven muy controladores en el ambiente de trabajo.

Piensan bastante en el dinero, pero sobre todo para tener siempre una autonomía, no es una cuestión de aparentar o de estatus, sino de seguridad personal, de ahí que la persona con personalidad anacástica dé tanto valor al trabajo y descuide sus vínculos afectivos. Quien mas sufre esto son sus familiares, que resienten la falta de muestras de cariño y atención aunque reconocen que siempre se ha preocupado por tenerlos bien protegidos económicamente. Y es que para una persona con personalidad obsesiva la mejor manera de mostrar cariño es trabajar para que no les falte nada a los suyos y precisamente por eso es por lo que no entenderán que se les recrimine.

Suelen ser muy tercos en temas morales o de valores, necesitan leyes y orden porque si se cumplen tienen una mayor sensación de control.

"Nunca nos mostró cariño. No nos faltó nada en la vida, nos dio la mejor educación pero jamás me dijo te quiero. Una vez cuando le grité enfadado que no me quería me respondió: cómo me dices esto si todo lo hago por ti." (Hijo de TPO)

Tienden también a ser muy autoexigentes y muy obstinados en su forma de hacer las cosas, principalmente porque al tener calculado todo para minimizar el riesgo, sienten que la probabilidad de que pase algo negativo e inesperado es menor.

"Era un buen jefe, pero las cosas siempre tenían que ser a su manera." (Asistente de TPO)

Viajar con ellos puede ser un suplicio si no lo haces como dicen o un auténtico placer si confías en sus planes. Se encargarán de todo, desde qué asiento tendrás en el avión hasta un plan alterno si el vuelo se cancela.

Curiosamente hay empresas que buscan emplear ese tipo de perfil en puestos relacionados con la contabilidad, seguridad o de logística interna, en los que cada paso tiene que ser implementado a la perfección.

> *"Todos sabemos que es obsesivo, pero eso es lo que yo necesito, una persona que no se le escape una, que tenga atadas todas las cuentas al 100% y que no hable mucho en la oficina." (Jefe de TPO)*

Sus colegas, sin embargo, lo ven como una persona retraída, desconfiada, egoísta y casi antisocial.

> *"Te acercas a su mesa y pone la mano sobre los ficheros como si los fueras a robar, no come con nosotros y se queda hasta tarde trabajando, nos hace quedar al resto como perezosos." (Compañero de TPO)*

La parte más importante para entender a una persona con trastorno de personalidad obsesivo es aceptar que no quiere un cargo de mayor jerarquía porque busca reconocimiento, sino que verá este tipo de puestos como la forma de tener más poder para controlar situaciones amenazantes. En definitiva, quiere mandar para evitar riesgos y no para ganar éxitos.

Por estas razones son personas a quienes les cuesta delegar y confiar, prefieren trabajar a su manera y hacer el trabajo de otros que vivir con la incertidumbre de que lo pueden hacer mal.

> *"No entienden que no puedo vivir con la sensación de que sí pasa algo malo o me enfermo gravemente tengo que asegurarme de que estoy cubierto. Con dinero puedo decidir incluso la enfermera que me venga a cuidar porque podré pagarlo." (Persona con TPO)*

La gente a su alrededor puede pensar que son tacaños porque no gastan mucho. La realidad es que más que gastar prefieren ahorrar, ellos necesitan tener la seguridad de que si algo pasa, tienen independencia económica para prevenir cualquier imprevisto para sí mismos y los suyos.

> *"Todos los hermanos pensábamos que papá era un tacaño. Todo lo que había trabajado en vida nos lo dejó al fallecer, con la única cláusula de que cada año teníamos un tope de gastos. Nos quería proteger hasta después de muerto." (Hijo de padre con TPO)*

Muchas personas que sufren este trastorno no van al especialista porque están convencidas de que gracias a que son así de perfeccionistas y controladoras las cosas les han funcionado. Y puede que tengan razón, seguro que han perdido menos vuelos, han entregado siempre a tiempo sus proyectos y han padecido menos carencias económicas que los demás. Pero la pregunta es: ¿a qué precio? Desafortunadamente el costo emocional y de bienestar que han pagado ha sido demasiado alto. Querer evitar riesgos a través de la búsqueda de lo perfecto les ha impedido disfrutar de su trabajo y de su relación familiar. Esa visión de la realidad tan controladora les ha hecho centrarse en la meta sin disfrutar del camino.

El tratamiento de estas personas va a requerir una manera distinta de enfocar los estímulos que ve amenazantes y su nivel de autoexigencia. También de enseñarles a reaccionar de una manera menos agresiva ante la frustración que les genera la gente que tienen alrededor. Por último, se buscará que acepte e interiorice que el error es algo inherente a la persona, que se debe centrar en disfrutar el proceso sin obsesionarse con el resultado y que, en la vida, es tan importante evitar los riesgos como disfrutar los logros.

TRASTORNO OBSESIVO COMPULSIVO (TOC)

El trastorno obsesivo compulsivo (TOC) no se debe confundir con el trastorno de la personalidad obsesivo tipo anancástico. Mientras que la persona que tiene trastorno de la personalidad obsesivo no lo ve como un problema, sino todo lo contrario, lo ve como una virtud y no tiene la necesidad de ir a terapia, la persona que padece un TOC sabe que sus pensamientos y su forma de actuar no son normales y esta situación afecta a su vida de manera muy negativa.

Este trastorno es bastante frecuente, unos lo viven en un momento puntual de su vida y en otros se instala para quedarse.

Se cree que hasta 2% de la población podría sufrir un TOC en mayor o menor grado. Puede incluso que cuando acabes de leer esta sección te des cuenta de que, aunque no lo sufras de una forma incapacitante, lo padeces en cierta medida.

El TOC es un trastorno de ansiedad en el que los pacientes presentan dos episodios muy característicos: obsesión y compulsión.

La obsesión es un pensamiento o imagen que se repite en su cabeza de forma muy intensa. Son conceptos intrusivos que perciben como ajenos a sí mismos, es decir, que aparecen en su mente y no tienen nada que ver con ellos. Es un juicio que irrumpe en su psique y que acaba instalándose en su cabeza acompañándolos desde que se levantan hasta que se acuestan. Estas ideas provocan malestar, miedo, ansiedad o angustia.

Para que un pensamiento disruptivo sea considerado obsesión tiene que carecer de lógica para la persona y además tiene que ser recurrente. Haga lo que haga no se lo puede quitar de la cabeza. Además, tiene que afectar su rutina de vida y ser percibido como un problema, quien lo tiene se siente culpable por tener esa idea y cada vez le produce más ansiedad.

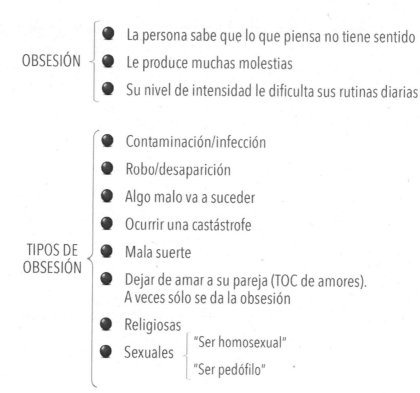

OBSESIÓN
- La persona sabe que lo que piensa no tiene sentido
- Le produce muchas molestias
- Su nivel de intensidad le dificulta sus rutinas diarias

TIPOS DE OBSESIÓN
- Contaminación/infección
- Robo/desaparición
- Algo malo va a suceder
- Ocurrir una castástrofe
- Mala suerte
- Dejar de amar a su pareja (TOC de amores). A veces sólo se da la obsesión
- Religiosas
- Sexuales
  - "Ser homosexual"
  - "Ser pedófilo"

De una manera inconsciente el paciente busca una solución para aliviar la ansiedad que le crea esa creencia irracional y así aparecen las compulsiones o rituales. Éstos son una serie de conductas repetitivas que, al ser ejecutadas, alivian momentáneamente la ansiedad generada por el pensamiento obsesivo.

El acto compulsivo casi siempre está muy estructurado, debe hacerse con un orden específico y un número de veces exacto.

"Lo tuve en secreto mucho tiempo, me daba hasta vergüenza explicárselo al psicólogo porque sabía que no tenía sentido. Pero si no me probaba todos mis zapatos antes de salir de casa algo malo le iba a pasar a mis padres. Lo tenía que hacer siempre, tenía que viajar con todos mis zapatos a todos lados. Soy una mujer inteligente y esto me daba mucha vergüenza."
(Paciente con TOC)

No siempre cuando una obsesión aparece se hace un ritual conductual para neutralizarla, los rituales también pueden ser mentales. La persona se siente mentalmente obligada a llevar a cabo el ritual o su temida obsesión se cumplirá. Es como vivir en una superstición constante.

COMPULSIÓN

- Repetición sistemática de una conducta o de un juego mental
- La persona sabe que es ilógico lo que hace pero se siente obligada a hacerlo

TIPOS DE COMPULSIONES RITUALES

- Lavarse las manos de manera ritualizada
- Colocar todo en orden y que sea simétrico
- Comprobación (ej.:cerrar la puerta)
- Limpiar todas las cucharas todos los días tres veces
- Colocar la ropa de cierta manera
- Caminar sin pisar las rayas
- Dar cinco vueltas a la misma plaza
- Contar pares o impares o matrículas que acaben en un número

"Yo no soy nada homofóbico, pero nunca me han gustado los hombres. Todos los días antes de ir a trabajar tenía que encontrar 10 matrículas que terminaran en 17, si no lo lograba, entonces mi mujer me iba a abandonar porque me volvería gay. Siempre salía una hora antes para buscarlas, un día llegué dos horas tarde porque me costó mucho encontrar las matrículas. Ese día decidí que tenía que ir al psicólogo o esto iba a acabar conmigo." (Paciente con TOC)

Los rituales o compulsiones mentales son unas instrucciones o ejercicios mentales que tienen que seguir para evitar que algo malo pase. Por ejemplo, tienen que contar de par en par hasta el 100 para que algo malo no pase o buscar 10 matrículas que acaben en 14 porque hasta que no las encuentren no pueden evitar la fatalidad.

"Estaba embarazada y de repente me venía la idea, si no cuentas los números impares del 1 al 100 tu bebé va a nacer con un problema. No se lo decía a nadie y me ponía a contar en mi mente. Mi hermana me observaba y me preguntaba, ¿estás bien? Pensé que me estaba volviendo loca. Y algo lo estaba. Cuando nació mi bebé me pasó lo mismo. Esta vez era, si no cuentas los números pares hasta el 100 tu hijo se va a poner enfermo." (Persona con TOC)

El TOC, como la mayoría de los trastornos, presenta niveles de severidad. A veces son manejables sólo con psicoterapia y en casos más graves se necesita además farmacoterapia; el psicólogo y el psiquiatra deben trabajar juntos. Entre los procedimientos más utilizados en psicoterapia está la terapia cognitiva conductual, en la que se enseña al individuo a manejar sus pensamientos para controlar su comportamiento.

Una de las técnicas utilizadas para el TOC es la exposición con prevención de respuesta (EPR). En la primera fase, de una manera gradual y controlada, se expone a los pacientes a situaciones que detonan pensamientos obsesivos, pero se les impide que lleven a cabo la compulsión asociada a su fijación, eso es lo que se llama "prevención de la respuesta".

Con este método, poco a poco y con mucho trabajo, se van reprogramando las ideas y emociones. La persona va interiorizando y convenciéndose de que no necesita completar su compulsión o ritual para lidiar con la obsesión, que poco a poco va perdiendo su intensidad y cada vez le genera menos ansiedad.

"Cuando un paciente tiene un TOC de limpieza no lo llevas a los baños de un gimnasio, eso sería cruel. Lo vas acompañando de una manera gradual. Primero se le pediría que toque una puerta y no vaya a lavarse, luego la perilla. Es muy gradual y se adapta exquisitamente al paciente." (Psiquiatra)

En definitiva, se consigue neutralizar esa idea obsesiva y la necesidad de ejecutar la compulsión o acto. Esta técnica funciona muy bien, pero la tiene que realizar un psicólogo o psiquiatra adaptándola siempre a las características del paciente.

MECANISMO DEL TRASTORNO OBSESIVO COMPULSIVO (TOC)

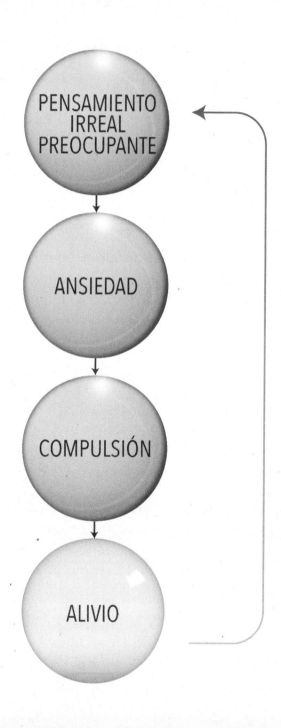

"Parece sencilla pero no lo es, la clave del éxito es adaptarla a cada paciente, reconocer todos los pensamientos que lo llevan a esa conducta de evitación y su ritual. Hay que, como se dice ahora, "tunearla" muy bien para cada paciente, si lo hacen solos no va a funcionar." (Psicólogo experto en TOC)

Los fármacos también pueden ayudar mucho a pacientes con un grado severo de TOC, al igual que en otros trastornos de ansiedad se pueden recetar antidepresivos, no porque el paciente padezca de depresión sino porque ayudan a disminuir su angustia y con ello los pensamientos obsesivos y las conductas compulsivas.

Si al acabar de leer esto te has visto reflejado, acude a un especialista. Hay TOCs que desaparecen para siempre y otros que se pueden tener controlados de por vida. Cuanto más tiempo esperes para pedir ayuda, más crecerá tu obsesión, fortalecida por la compulsión, y se volverá casi un hábito que acabará invadiendo todas las facetas de tu vida.

"Ya no tengo que abrir todas las puertas del coche antes de cada viaje porque si no lo hago voy a tener un accidente. A veces, no te voy a engañar, me pasa por la cabeza, pero aprendí a parar a tiempo mi obsesión, nunca pensé que podría superarlo." (Paciente con TOC)

OTROS

TRASTORNOS

ESQUIZOFRENIA

DEMENCIA

ANOREXIA

ADICCIONES

DISFUNCIONES SEXUALES

VIGOREXIA

OTROS TRASTORNOS

ESQUIZOFRENIA

La esquizofrenia es una enfermedad mental en la que la persona tiene una alteración del pensamiento y le cuesta distinguir lo que es real de lo imaginario, lo que la lleva a interpretar los hechos y su entorno de manera distorsionada. Los síntomas pueden ser positivos y negativos, ambos deben ser tratados, ya que de no ser así, el impacto en el paciente es tal, que va perdiendo su normal funcionamiento físico, psicológico y social, hasta quedar totalmente excluido de su entorno. La edad en la que suele manifestarse es entre los 15 y 30 años, llegando a ser extraño que aparezca después de los 35.

Se ha especulado mucho sobre el origen de la esquizofrenia. Se sabe que hay un fuerte componente genético que te puede hacer más vulnerable a presentarla, pero hay otros elementos implicados, ya que no se desencadena en todos los miembros de una misma familia y en algunas se da sin antecedentes conocidos.

También se están considerando otras hipótesis sobre sus posibles causas, como que se deba a una malformación en el embarazo, o incluso la del Dr. Sapolsky que señala que podría ser de origen viral y ser contagiada por los gatos. Lo que sí está claro es que, como la mayoría de los padecimientos mentales, la esquizofrenia es multifactorial, es decir, se tienen que dar varias circunstancias para que aparezca y todavía no se sabe con exactitud qué peso tiene cada una.

Síntomas positivos

Los síntomas positivos son aquellos que la gente asocia más con la esquizofrenia, me refiero a las ideas delirantes y las alucinaciones. Las ideas delirantes, antes llamadas paranoias, están basadas en un hecho real, pero son interpretadas de manera equivocada y normalmente no se parecen en nada a la forma de pensar que el paciente tenía antes de sufrir esquizofrenia.

Es curiosa la total seguridad de la persona con una idea delirante de que la explicación que le da a un suceso es la correcta, por muchos argumentos que demuestren lo contrario no la convencerás. Todo lo que ocurre a su alrededor confirma que lo que les está pasando es cierto, rechazan las opiniones de aquellos que cuestionan sus ideas y se acompañan de quienes les dan la razón. Muchos acaban con adivinos o chamanes porque éstos aseguran creerles, fortaleciéndose así ese pensamiento paranoico.

"Se gastó todo su dinero con un guía espiritual que le dio la razón, o sea, aceptó que le habían puesto un microchip y que lo estaban siguiendo. Dijo que lo iba a ayudar a desmagnetizar el chip que le habían implantado mientras dormía." (Familiar de paciente con esquizofrenia)

Una de las ideas delirantes o paranoicas más comunes es la de tipo persecutorio, el paciente cree que lo siguen, que hay una teoría de conspiración en su contra e, incluso, que lo quieren secuestrar.

"Me di cuenta de que había algo raro cuando mi hermana vio al vecino que pintaba su puerta y me dijo: ésa es la señal para que vengan los extraterrestres por mí, me van a secuestrar en una nave espacial. Mi hermana estudió matemáticas y no creía nada en seres de otros mundos, eso me asustó." (Familiar de paciente con esquizofrenia)

En este caso queda claro que la paciente ve a una persona pintando la puerta, eso es real. Lo que sería una idea delirante o paranoica es la interpretación que hace del hecho y que esté convencida de que son extraterrestres y la van a secuestrar en su nave espacial. Las personas con ideas delirantes de persecución viven en constante tensión comprobando constantemente si les están persiguiendo.

Otro tipo de ideas delirantes son aquellas que están relacionadas con la grandeza, estas personas creen que vienen a salvar el mundo, que pueden hablar con Dios o que son enviadas por Él.

*"Me miran porque soy el nuevo profeta y
quieren que los salve del infierno." (Paciente con
esquizofrenia)*

El delirio erotomaníaco es otro tipo de idea bastante común, se trata de la creencia de que una persona está locamente enamorada del enfermo sin tener ninguna relación con él. A veces ese pensamiento puede convertirse en una idea persecutoria, llegando a obsesionarse con que lo siguen todo el tiempo.

*"No me deja de mirar, siempre que pongo gasolina
al coche me sonríe como si no pudiera resistirse a mí,
no quiero ir a esa estación porque mi marido va a
notar lo que pasa." (Paciente con esquizofrenia)*

No todas las personas que tienen ideas delirantes padecen de esquizofrenia, éstas también pueden presentarse en otros padecimientos, como el trastorno delirante de la personalidad o algunas demencias.

Los otros síntomas positivos son las alucinaciones, que son un error de nuestros sentidos. Ante una experiencia que no es real, la persona la vive como si fuera completamente verdadera. Podemos tener distintos tipos de alucinaciones; visuales, olfativas, táctiles o auditivas, siendo las más comunes las auditivas, seguidas de las visuales.

*"A mí el diablo me sopla al oído, puedo notar como el
aire roza mi oreja." (Paciente con esquizofrenia)*

*"Veo muertos, ayer en la mesa vi a mi difunta
hermana detrás de mi marido, llevaba un cuchillo,
lo quería matar y no pude hacer otra cosa más
que empujarlo para salvarle la vida." (Paciente con
esquizofrenia)*

En muchos casos las ideas delirantes y alucinaciones se unen, reafirmando así al paciente que sus creencias son reales porque puede "verlas" y "escucharlas".

*"Dios está mirándome ahora mismo, lo puedo ver y
me está sonriendo, él confía que yo lleve bien mi tarea
como nuevo Mesías." (Paciente con esquizofrenia)*

Tanto los delirios como las alucinaciones se tienen que tratar con fármacos, la mayoría responde muy bien a ellos.

Síntomas negativos

Los síntomas negativos son los grandes desconocidos para la mayoría de la gente y son los que tienen el mayor peso en la evolución de esta enfermedad. Están vinculados sobre todo con el bajo estado de ánimo del paciente, el deterioro de sus habilidades sociales y consecuentemente, la pérdida de su círculo cercano y aislamiento. Una persona que presenta estos síntomas poco a poco se va segregando de la sociedad, se queda sin trabajo y sin su círculo de amistades. Esto hace más probable que, ante la ausencia de cosas buenas en su vida, también pierda la motivación por medicarse para los síntomas positivos.

Los síntomas negativos están asociados con una reducción paulatina en la expresión de respuestas emocionales, su lenguaje no verbal empeora. Sus gestos sufren un aplanamiento afectivo, la persona va reduciendo su gesticulación, su forma de mirar es más desenfocada y su tono de voz se vuelve más monótono. Esto hace que pierdan esos matices que tenemos la mayoría para atraer la atención de un interlocutor, haciendo sentir a los demás que no tienen interés por ellos.

"Te mira, pero sin expresividad, no sabes lo que está pensando, está ido." (Amigo de esquizofrénico)

Poco a poco la gente de su entorno empieza a distanciarse más de ellos precisamente porque notan algo raro. A la vez, su lenguaje se va deteriorando gradualmente y cada vez se hace más difícil entenderlos. Su forma de expresarse cambia, saltan de un tema a otro sin haber ningún nexo común entre los temas e imposibilitando tener una conversación con ellos.

"Te está hablando de cómo cocinar arroz y de repente suelta que el rojo no es un color que le guste y regresa a cómo cocinar un buen arroz. No me lo tomé personal, para mí es un reto el descifrar qué le hizo pensar en el color rojo. Mi hijo es especial, pero me ha enseñado más que nadie." (Madre de paciente esquizofrénico)

Otro síntoma es la falta de interés e iniciativa, no les apetece moverse y tienden a quedarse tumbados en la cama o en el sofá, llevándolos incluso a padecer depresión. También tienen una falta de motivación que los puede llevar a no cuidar su aseo personal o el lugar donde viven. Otro aspecto que se ve reducido es la empatía, gradualmente disminuye su capacidad para entender las emociones de otros y les cuesta interpretar una sonrisa o un llanto.

La memoria y la atención también pueden menguar, empeorando el desempeño de las actividades complejas de la vida diaria, por ejemplo, se le dificulta planificar, tomar decisiones y ejecutarlas.

> *"Perdió las llaves en el supermercado, pero no sabía qué hacer, ni pensó en las opciones que tenía. Mi hijo antes de la esquizofrenia hubiera tomado los tickets de compra y llamado a la tienda. Sólo me miró y no sabía qué hacer. Le parecía imposible planificar."*
> *(Madre de esquizofrénico)*

Por otra parte, a muchos les resulta complicado hacer más de una tarea a la vez. Su nivel de atención es tan bajo que, si centrarse en una actividad ya les es difícil, hacer dos les resulta prácticamente imposible. Ese aislamiento gradual los lleva a un retraimiento social.

> *"Le pedí que me encendiera la luz y me trajera la botella de agua, se me quedó mirando fijamente como si le hablara en otro idioma."* *(Madre de esquizofrénico)*

SÍNTOMAS DE LA ESQUIZOFRENIA

ESQUIZOFRENIA

SÍNTOMAS POSITIVOS

- Ideas delirantes
  - Ideas basadas en hechos reales pero distorsionados
- Alucinaciones
  - Engaños de los sentidos. Experiencias auditivas, visuales, olfativas, táctiles, que no existen

→ ANTIPSICÓTICOS O NEUROLÉPTICOS

SÍNTOMAS NEGATIVOS

- Empobrecimiento afectivo
- Retraimiento emocional
- Aislamiento

Tratamiento

El tratamiento es distinto según el tipo de síntomas. Los síntomas positivos responden muy bien con fármacos anti-psicóticos, afortunadamente los más nuevos han mejorado mucho y tienen menos efectos secundarios. Aquí lo importante es que no dejen el medicamento o las alucinaciones y delirios volverán. Uno de los mayores retos de atender a una persona que padece esquizofrenia es la adherencia al tratamiento. A veces lo abandonan porque les causa efectos secundarios, pero lo más común es que lo rechacen porque no creen que de verdad estén enfermos. Sus alucinaciones son tan fuertes, que sienten que las voces y las visiones que tienen son reales. En ocasiones engañan a sus familiares haciéndoles creer que toman el fármaco y luego vomitan o nunca los toman.

"Hasta el señor de las noticias me dice: te quieren envenenar, no te tomes las pastillitas rosas o morirás."
(Testimonio de paciente con esquizofrenia)

Las pastillas rosas a las que se refiere el paciente es la Risperidona, uno de los antipsicóticos más utilizados. Aquí el círculo familiar es de vital importancia; curiosamente en sitios como México o España las personas se adhieren mejor al tratamiento que en países anglosajones. En Estados Unidos o Gran Bretaña es menos probable que un paciente siga el tratamiento ya que los vínculos familiares no son tan fuertes.

"Trabajé cinco años en Inglaterra con pacientes esquizofrénicos y allá no es igual. Sea como sea aquí y en la mayoría de los países latinos, la madre se asegura de que toma su medicamento, ¡aunque se lo tenga que esconder en la tortilla!" (Psiquiatra)

Curiosamente mientras que los síntomas positivos pueden ser controlados con fármacos antipsicóticos, no ocurre lo mismo con los síntomas negativos.

Aunque los síntomas positivos son muy aparatosos, los que verdaderamente dañan a la persona porque la aíslan o excluyen socialmente son los síntomas negativos. La pérdida de facultades contribuye a que se aíslen cada vez más y si no hay una red familiar fuerte muchos acaban en la calle como vagabundos. Una vez en la calle tampoco tienen seguimiento para los síntomas positivos. Mucha de la gente que vive en la calle está enferma de esquizofrenia, si observas bien muestran claras señales de ello, lenguaje verborreico, poca higiene y puede que los encuentres aletargados o viviendo una alucinación.

"Todas las mañanas nos despierta gritando: ¡no me mates, no me mates!, con unos gritos de pánico que te ponen la carne de gallina, yo le tenía miedo y rechazo. Un día no aguanté, llamé a la policía y se lo llevaron, dos días, después regresó a la calle. Al llamar otra vez, el agente me dijo que es una persona esquizofrénica, imagínate lo que es vivir así, pensando que te quieren matar." (Hermana de esquizofrénico)

¿Son peligrosos los esquizofrénicos?

Hay una idea distorsionada de lo que es la esquizofrenia que hace pensar que quienes la sufren son personas peligrosas y agresivas, cuando en la realidad, muere mucha más gente en manos de sus parejas celosas o en una pelea callejera que siendo víctima de un esquizofrénico. En general, son personas que se harían daño a ellas mismas antes que a otros y sólo actuarían de manera agresiva si se detonara un episodio delirante en el que se sienten "atacadas", reaccionando en "defensa propia". Esto pasa raras veces y sólo cuando el paciente no está siendo tratado.

"Lo triste es que a los pacientes esquizofrénicos les causan más daño que el que ellos causan. Los que no están controlados y acaban en la calle son víctimas de agresiones y violaciones. Es terrible lo que la gente 'cuerda' llega a hacerles." (Psiquiatra)

TRASTORNOS DE LA CONDUCTA ALIMENTARIA (TCA) Y DISMORFIA CORPORAL

Definirlo de manera poco técnica es complicado pero si tuviera que describírselo a un niño, le diría que una persona que tiene un trastorno alimentario es aquella que presenta una relación enfermiza con una de las actividades humanas más importantes: comer. Lo cual, consecuentemente, le puede hacer mucho daño e incluso causarle la muerte.

La clave de este trastorno no está en el acto de comer, sino en todo lo que representa el mismo. Para muchos es una vía por la que canalizan sus problemas, una manera de olvidarse de ellos o incluso una llamada de atención, ya que es mucho más complejo que una simple relación enfermiza con la comida y, por tanto, es fundamental tratar a las personas con este tipo de desorden.

Otro padecimiento a veces asociado es el trastorno de dismorfia corporal, en el que el individuo tiene una percepción distorsionada de su cuerpo. Aquellos que lo padecen tienen una preocupación excesiva, al grado de obsesionarse por un defecto físico ya sea real o imaginario. Pueden tener la nariz ligeramente grande y la ven enorme, o en el caso de la vigorexia, ven todo su cuerpo frágil y flaco cuando la realidad es que está más musculoso de lo que sanamente debería, pero para ellos nunca es suficiente y extenúan su cuerpo con horas y horas de ejercicio. Tanto en los trastornos alimentarios como en la dismorfia corporal, el problema real es la falta de autoaceptación y autoestima.

"Si pesan cuarenta kilos quieren adelgazar más, no tienen un límite porque cuando llegan a ese objetivo de pérdida de peso se dan cuenta de que todavía no ven en ellas lo que quieren ver, eso no lo consigue una dieta, eso sólo es a base de terapia, recuperando la confianza y autoestima que la paciente hace mucho tiempo perdió." (Psiquiatra)

Los tres trastornos de la conducta alimentaria más comunes son: la anorexia nerviosa, la bulimia nerviosa y el trastorno por atracón. Cuando nos referimos a trastorno de dismorfia corporal, el más común es la vigorexia, aunque están creciendo muy fuertemente los asociados a un "supuesto" defecto físico, a la búsqueda de un cuerpo perfecto a través de la cirugía o la edad.

"Vienen chicas de veinticinco años que me dicen que les quite las arrugas, y mujeres de cincuenta que ya se han sometido a más de 10 operaciones. Esas mujeres son de psiquiatra." (Cirujano plástico)

Curiosamente la mayoría de las mujeres que padecen anorexia también sufre de dismorfia corporal, ya que cuando se miran al espejo no se ven como son, sino que perciben una imagen distorsionada de su obsesión que es estar gorda.

Anorexia nerviosa

Desgraciadamente todavía muchos creen que la anorexia es cuestión de convencer a alguien de que tiene que comer y es algo muchísimo más complejo, si no lo fuera, no estaríamos hablando de que uno de cada diez casos acaban en suicidio o en muerte por inanición.

La anorexia nerviosa es una enfermedad en la que la persona, de manera gradual, se va privando de la comida con el fin de adelgazar, llegando a un punto en el que la pérdida de peso impacta en su salud tan negativamente, que en los casos más extremos llegan a "matarse de hambre". Y cuando digo "matarse" es una realidad, ya que este es el trastorno mental que causa el mayor número de muertes. Aunque hay varios tipos de anorexia, el más común es aquel en el que se van privando poco a poco del alimento hasta prácticamente dejar de comer; muchas de ellas aseguran que el poder controlar lo que llevan a la boca llega a ser uno de sus grandes logros, se autoretan ejerciendo mayor autocontrol sobre sí mismas, se sienten orgullosas de lo conseguido y les gusta que les digan lo delgadas que están.

> "Me gusta cuando te dicen, estás flaquísima se te ven los huesos, el saber que tienes tal grado de control da un cierto placer. No te quieres matar, tú no buscas morir pero sí quedar lo más delgada posible." (Mujer anoréxica)

Hay otras que al principio de su padecimiento llegan a darse atracones y vomitar hasta que acaban dejando de comer gradualmente, incluso terminan devolviendo lo poco que comen.

"Acabó ingresada, nos engañaba a todos, a su padre, a la enfermera… acabaron obligándola a comer y a tener que estar acompañada durante las horas de digestión para que no vomitara." (Madre de adolescente anoréxica)

Frecuentemente, la enferma de anorexia tiene una visión distorsionada de sí misma, por mucho que adelgace, ella se ve gorda y no ser muy delgada es el equivalente a la no aceptación.

"Cuando me miraba al espejo veía una mujer con celulitis y gorda. Pesaba 46 kilos. Si comía un poco de queso ya me estaba imaginando cómo la grasa del queso se enganchaba en mis caderas, me empezaba a ver gorda, me ponía nerviosa y tenía que sacar como fuera lo que había comido." (Enferma de anorexia)

Además de una pérdida de peso dramática, les desaparece la regla, con la imposibilidad de quedar embarazadas. Su piel parece más deshidratada y seca, a la vez que sufren de hipotermia (siempre tienen frío), se les cae el cabello y a muchas les llega a crecer el vello corporal. A largo plazo, suelen padecer osteoporosis, llegando a fracturarse los huesos fácilmente.

El perfil psicológico de muchas enfermas de anorexia corresponde al de mujeres muy perfeccionistas y obstinadas, que siguen las dietas con la máxima rigidez y poco a poco se las van poniendo más estrictas.

"A mí me gusta que se vean los huesos, sigo muchas cuentas en Instagram donde veo a chicas que se les marcan y queda muy bonito, yo quiero que se vean los míos, ahora todavía me sobra grasa."
(Paciente con anorexia)

Al principio de la enfermedad tienen mucho cuidado de que la gente no sospeche que padecen anorexia, esconden el alimento que no quieren comer o lo esparcen por el plato para comer menos. También suelen utilizar ropa muy suelta que no les marque la figura. El tratamiento de este padecimiento es muy complejo porque los terapeutas no sólo luchan contra las ideas distorsionadas que tiene la paciente, sino también con las que socialmente la rodean. Es muy frustrante para la familia y los especialistas que llevan meses y años de tratamiento el ver como la propia sociedad penaliza los avances de sus pacientes.

"Consigues que lleguen a un peso sano para que cuando salgan a la calle les digan: ¿ya engordaste otra vez?" (Psicólogo clínico)

Bulimia nerviosa

Otro trastorno que se canaliza a través de una relación enfermiza con la comida, los problemas de baja autoestima y aspectos emocionales no resueltos es la bulimia. La persona con este padecimiento busca estar delgada pero no una delgadez extrema, está obsesionada con no ganar peso. Al contrario de la anorexia, cuya delgadez es evidente, quien sufre de bulimia no tiene una pérdida de peso tan drástica y puede vivir durante años sin que la gente sospeche su afección.

Una persona con bulimia tiene ciclos o episodios de atracón y purga. Normalmente hay un detonante o circunstancias que la llevan a esa ingesta desmedida de alimento.

"Comía todo sano pero en el momento que probaba un trocito de queso pensaba: ¡ya qué más da, vas a engordar!, y me lo comía todo. Luego el tocino. Me decía: ya rompiste la dieta, gorda." (Paciente con bulimia)

Un atracón consiste en devorar grandes cantidades de comida que engorda en un periodo muy corto de tiempo. Después del atracón sienten un gran malestar y culpabilidad, empiezan a visualizar que van a subir de peso, se disparan un sinfín de emociones, tienen sentimientos de autocrítica y tristeza extremos, y además sus niveles de ansiedad crecen de forma desmedida.

"Me venían pensamientos como: ¿ves?, nunca vas a conseguir nada, eres una inútil, no sabes ni controlarte." (Paciente con bulimia)

En ese momento llegan al punto en que necesitan purgarse, o sea, deshacerse de toda la comida, o mejor dicho, calorías extra producidas por el atracón.

"Después de comer dos pizzas enteras me entraba un malestar físico, dejaba de escuchar las conversaciones, me sentía súper culpable, no podía evitarlo. Me levantaba, me metía los dedos y vomitaba." (Paciente con bulimia)

El vómito no es la única manera de purgarse, también pueden utilizar laxantes y diuréticos. La tercera modalidad, y que cada vez usan más, es someterse a sesiones extenuantes de ejercicio y ayuno para quemar las calorías extra que los atracones han provocado.

"Me comía una pizza, como ya daba igual, pedía papas fritas y dos brownies. Después me entraba la ansiedad, me sudaban las manos, me urgía salir de allí e irme directamente al gimnasio, podía estar cuatro horas haciendo cardio, luego llegaba a casa y tomaba laxantes para que esa asquerosa grasa saliera más rápido." (Paciente con bulimia)

Quienes sufren de bulimia suelen ser muy perfeccionistas y autocríticos, o todo está perfecto o está mal. Usan la regla del todo o nada, pueden controlar su ingesta de calorías, pero si comen la mínima cantidad de comida chatarra sienten que rompen la regla. En ese momento activan la cascada de descontrol y empiezan con el ciclo atracón-purga.

"Mi novio me decía: pero prueba esta alita de pollo, sólo un trocito... Yo no quería pero una vez que daba un mordisco sabía que íbamos a acabar pidiendo

otro plato. Luego me sentía mal, lo odiaba a él y a mí misma, corría al baño y me metía los dedos para provocarme arcadas." (Paciente bulímica)

Estas personas pueden llegar a tener cicatrices y callos en los nudillos de las manos por provocarse los vómitos, también inflamación de las glándulas salivales, deterioro de las encías, caries (ya que los ácidos del estómago desgastan el esmalte de los dientes), exceso de vello, caída del cabello, osteopenia, y además tienen muchas lesiones en el gimnasio por someterse a un esfuerzo excesivo. En algunos casos, les puede dar un paro cardiaco letal tras provocarse la arcada debido a la bajada de sodio y potasio o provocarse la muerte por asfixia al aspirar su propio vómito.

Trastorno por atracón (*Binge eating*)

La mayoría alguna vez hemos comido de una manera desmesurada y sin ningún tipo de control. ¿Quién no ha ido a un buffet extraordinario donde todo parece exquisito y tiene que cerciorarse de lo rico que está probando cada platillo? Si alguna vez te pasó no tienes por qué preocuparte, eso no te hace un comedor compulsivo. Pero ¿eres de los que muchas veces come cuando no tienes hambre? ¿Piensas demasiado tiempo en la comida? ¿Piensas en quedarte solo para comer todo lo que se te antoje? ¿Te sabes todas las dietas pero las acabas dejando? ¿Cuando algo te preocupa lo primero que haces es pensar qué puedes comer? Si has respondido sí a varias preguntas, te puedes estar acercando a ser un comedor compulsivo.

En teoría, si tienes al menos un atracón semanal durante tres meses ya se podría decir que padeces un trastorno por atracón. Los comedores compulsivos devoran en muy poco tiempo y de una manera muy rápida grandes cantidades de alimento hasta el punto de llegarse a sentir desagradablemente llenos. Tras la comida no tratan de purgarse ni de hacer ejercicio extremo, pero sienten profundo malestar, tristeza, fuerte culpabilidad y pensamientos de autocastigo.

> "Me comí todas las magdalenas, después los conos de chocolate y las galletas, ni las saboreaba. Había probado una y ya daba igual. Soy un gordo asqueroso que no puede controlarse." (Comedor compulsivo)

Muchas de las personas que son comedores compulsivos tienen una obsesión con el peso, una historia de dietas fallidas y tendencia a ganar kilos. Las consecuencias pueden ser muy graves; un gran número de ellas llegan a padecer obesidad mórbida, diabetes tipo II y/o problemas cardiovasculares graves.

Como en la mayoría de los trastornos de alimentación, el problema de los comedores no es el hambre, sino la canalización de sus miedos, frustraciones y ansiedades a través de la conducta de comer. Por otra parte, muchos viven el atracón como un refugio emocional, una forma de sentirse bien y evadirse de los problemas. Si algo les genera demasiada preocupación y angustia acuden a una conducta placentera que es ingerir alimento, mientras lo hacen evaden aquello que les inquieta hasta que ya no pueden probar un bocado más, y el problema o lo que les preocupaba regresa con más fuerza una vez que están culposamente llenos.

"Se iban mis hijos a dormir, sacaba todas las cosas dulces que me gustaban y empezaba a comerlas rápidamente, como si me las fueran a quitar de las manos, comía lo que estaba a mi alcance durante todo un día." (Comedor compulsivo)

Cada comedor compulsivo tiene circunstancias que detonan los atracones y éstas coinciden con sus picos de ansiedad; algunos lo hacen por la noche, otros, cuando van a enfrentar situaciones o personas que les incomodan.

"Me di cuenta de que cada vez que mi marido y yo hablábamos de mi suegra, abría el refri y me ponía a comer todo lo que veía, fue mi hija quien se dio cuenta." (Comedora compulsiva)

Curiosamente hay muchas personas que tienen este trastorno y no lo saben, puede que incluso dentro de su familia, su padre o sus abuelos ya lo fueran y desde niños vieron como algo natural el comer para "aliviar" las penas.

"Mi padre se quedaba solo los domingos por la noche y se comía todas las sobras de la comida de ese día, a todos nos parecía normal pero, si te pones a pensar, la cantidad de comida que podía ingerir era muchísima." (Hija de comedor compulsivo)

Vigorexia o síndrome de Adonis

Si tomáramos a un sex symbol de los sesenta como Sean Connery, muy pocas revistas de ahora le darían una portada ya que no tiene perfectamente marcado cada músculo de su cuerpo. En aquella época era suficiente con parecer sano y estar en tu peso, pero ahora el estándar de belleza en un hombre es acentuar todos los músculos del estómago, pecho, brazos y piernas. Este estereotipo ha sido el carburante que está haciendo crecer de manera exponencial la vigorexia.

La vigorexia es una obsesión por la búsqueda de un cuerpo perfectamente definido y musculoso. Quienes la padecen tienen una visión distorsionada de sí mismos, por mucho músculo que desarrollen, por muy marcados que estén, no es suficiente e incluso hasta se perciben flacos. Para "verse" perfectamente musculosos ir al gimnasio se vuelve el centro, mejor dicho, la obsesión de su vida.

> *"Me veo muy flaco, me falta mucho, hago 3 horas diarias en el gimnasio y muchos están más marcados. Tengo que levantar más peso." (Principio de vigorexia)*

Las rutinas que se ponen pueden ser muy dañinas, tienen extenuantes sesiones de ejercicio en las que se fuerzan a levantar pesas en una cantidad que puede causarles graves lesiones.

> *"Va más allá de marcarme, me llevo al límite. Hoy voy a levantar más peso, hoy voy a marcarme un poco más. Voy dos horas temprano y otras dos al final, es mucho pero lo necesito, tomo muchos suplementos, es una adicción sana." (Asiduo al gimnasio)*

Para empeorar más las cosas, muchos de los cuerpos de famosos que inundan las redes sociales son producto de la liposucción. Todo el mundo es libre de hacerse lo que quiera, el problema radica en que la gente que los ve cree que de manera natural va a conseguir un físico como ese cuando la realidad es que 75% de los tipos musculosos que ves en las redes no es natural, hay cirugías, esteroides o Photoshop.

> *"Si no tengo un cuerpo perfecto no me dan el papel principal. Me tuve que hacer una liposucción por láser y me transfirieron grasa al trasero, fue muy dolorosa. Ahora tengo todos los músculos súper marcados, y sólo voy dos veces por semana al gimnasio. Obvio que no puedo decir que me hice la lipo, la gente piensa que todo es natural, jajaja." (Actor)*

La mayoría de las veces esa obsesión por los músculos y estar bien marcados los lleva a utilizar sustancias para desarrollar masa muscular de manera rápida.

> *"Mi obsesión es marcar la línea alba, es un músculo que divide el estómago en dos y es dificilísimo de marcar." (Posible vigoréxica)*

De los más utilizados son los suplementos alimenticios de dudosa procedencia, esteroides anabólicos o la hormona del crecimiento disponible sin receta en muchos gimnasios. La gran parte de los efectos secundarios de estos productos es delicada, tales como infertilidad, calvicie, encogimiento de testículos, riesgo de tumor hepático, graves problemas cardiovasculares e incluso cambios de personalidad, volviéndose más irascibles, emocionales o incluso muy agresivos.

TRATAMIENTO

El tratamiento de este tipo de pacientes es muy personalizado ya que no sólo consiste en atender el trastorno de la conducta alimenticia, también hay que profundizar en el origen del padecimiento. Desgraciadamente hasta que no se diagnostica no se puede empezar el procedimiento y el problema es que aunque la persona sepa que tiene un problema, va a volverse un experta en ocultarlo. La mayoría sólo acude a pedir ayudar cuando las consecuencias son muy graves o quejándose de síntomas que no asocia a su padecimiento, como la falta de libido, la desaparición del periodo menstrual, el dolor de cabeza, la subida de la presión arterial, los problemas de sueño o las palpitaciones.

"No me venía la regla y fui al ginecólogo porque pensaba que estaba embarazada. ¿Por qué te estás matando de hambre? ¿Qué te han hecho para que te quieras tan poco? Me puse a llorar. Ese día después de 5 años pedí ayuda." (Mujer con anorexia)

El tratamiento depende de su severidad y, como siempre, de la personalidad del paciente. Hay algunos que solo con psicoterapia y un buen nutricionista pueden curarse, y otros que necesitan también de fármacos o en casos extremos incluso ser ingresados en el hospital. Si estás leyendo esto y sabes que padeces este trastorno, hazte un favor, pide ayuda, muchas veces un trastorno de la conducta alimenticia es sólo la punta del iceberg, te garantizo que si vas al final te vas a querer mucho más.

Acciones para prevenir los TCA

Salvo los comedores compulsivos, lo otros tres padecimientos dan una extrema importancia a la idealización del físico y buscan la aceptación a través de la perfección.

Para ellos la autoestima, aceptación y autovaloración dependen de que su imagen se acerque al cuerpo que sueñan. Si sienten que no son exactamente así, les viene un torrente de sentimientos y mensajes autocríticos muy destructivos.

Nuestra sociedad nos mete en un mecanismo perverso de constante insatisfacción si no aplicamos el filtro del sentido común. Los cánones de belleza que presentan la mayoría de las modelos tienen entre 10 y 20% menos grasa corporal de lo que corresponde a una persona sana.

Como adultos podemos aplicar un filtro a estos patrones distorsionados, pero este tipo de imágenes entre los jóvenes de diez a veinte años pueden ser devastadoras. Están tomando como referentes a un tipo de mujeres irreales y muy flacas que rondan lo enfermizo. Esto se complica aún más a través de los algoritmos en internet. ¿Qué quiero decir con esto?, te preguntarás. ¿Buscaste algo en la red y durante un tiempo te aparecían páginas en relación con ese tema? Pues cuando una persona empieza a tener principios de un TCA buscará cuerpos delgados y dieta. Esa acción inicial va a hacer que su propio explorador y redes sociales sugieran que siga a gente como la que le gusta, cuentas de personas que buscan dietas, adelgazar y que probablemente padezcan un trastorno de conducta alimenticia. Son grupos cuya obsesión es el peso y que reafirman sus creencias contribuyendo a que este trastrono se haga más grave. En definitiva una bomba de relojería que puede acabar con su salud mental y física.

> *"Si eres músico y sigues o entras en páginas de música las sugerencias que salen son de música, pero si estás obsesionado con el gym y marcar los músculos, la sugerencias que te llegan son de gente que está super musculosa."* (Paciente vigoréxico)

> *"Entré al Instagram de mi hija y vi que seguía muchas cosas de dietas, cuentas como "maravillosos huesos" o #flacas #huesosydietas #morirdehambre, todo giraba alrededor de eso, jamás me lo hubiera imaginado."* (Madre de anoréxica)

Antes la mayoría de la información era impresa, había menos medios y estaba más controlada. Ahora el mundo de la red y las redes sociales permiten publicar cualquier cosa, desde recetas mágicas para adelgazar hasta encontrar personas sin ninguna preparación que te dan dietas milagrosas, incluso comerse una tenia o solitaria para bajar de peso.

"Encontré un chat de chicas iguales a mí, me decían cómo esconder lo que no querías comer o cómo medirte si te habían escondido el metro, sentías que eran tus amigas de verdad." (Paciente con anorexia)

Además de un tratamiento individualizado en el que la familia, expertos y paciente trabajan en conjunto para sanarse, necesitamos adaptar los estándares de belleza con modelos saludables. Una pequeña acción como dejar de comprar y de seguir en sus redes aquellas cuentas, marcas y revistas de moda que vinculan un modelo de físico insano con el éxito puede suponer un gran cambio en la aceptación de la autoimagen de las nuevas generaciones.

"Me encantas, le dijo a mi hija su amiga, estás super seca. Cómo convener a mi hija de que engorde, si sus amigas la ven mejor que nunca." (Madre de anoréxica)

DISFUNCIONES SEXUALES

En las relaciones sexuales hay muchas cosas que pueden fallar. El proceso de sentir deseo, excitarse, disfrutar y llegar a un orgasmo es mucho más difícil de lo que parece. Nuestro cuerpo siempre va a establecer prioridades y el instinto de supervivencia predomina sobre el de reproducción, por ello, si tenemos un problema de salud, una de las cosas de las que primero va a prescindir nuestro organismo es del sexo. En definitiva, "sobrevive ahora que ya tendrás tiempo de reproducirte". De ahí que sea tan importante estar conectado con las señales que envía nuestro cuerpo.

> *"Después de empezar mi nuevo trabajo, me di cuenta de que tenía problemas de erección y decidí escondérselo a mi mujer. La evitaba constantemente hasta que un día me dijo; estoy convencida de que tienes una amante. Mi estrés era tal con el nuevo puesto que me afectó hasta en la cama." (Hombre con disfunción eréctil)*

Un problema de desempeño sexual muchas veces puede ser la manera que tiene nuestro cuerpo de avisarnos de que algo va mal en nuestro organismo. Siempre, en toda disfunción sexual, lo primero a descartar son los problemas orgánicos o físicos.

Por ejemplo, además de la muerte o amputación de miembros, la diabetes puede causar retinopatía y ésta a su vez, ceguera. Uno de los primeros síntomas de la diabetes es precisamente la disfunción eréctil. Los pacientes jóvenes lo desconocen y en vez de acudir al médico, ignoran la señal de alarma que manda su cuerpo y compran una de las muchas píldoras para la disfunción eréctil que hay en el mercado. La enfermedad progresará y puede que cuando sepan que la padecen ya les haya causado ceguera.

Otras veces es el efecto secundario de algunos fármacos lo que afecta nuestro desempeño sexual, por ejemplo, los que tratan la hipertensión, el cáncer o la depresión. Si esto pasa, habla con tu especialista para cambiar el tratamiento y evitar ese efecto secundario.

ASPECTOS QUE IMPACTAN EN EL DESEMPEÑO SEXUAL

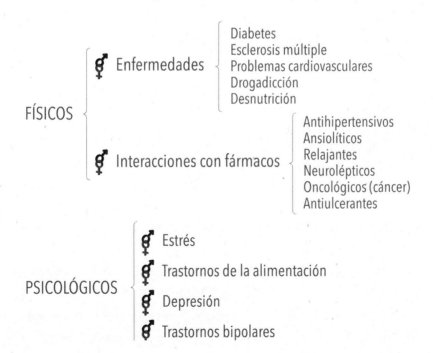

FÍSICOS

⚥ Enfermedades
- Diabetes
- Esclerosis múltiple
- Problemas cardiovasculares
- Drogadicción
- Desnutrición

⚥ Interacciones con fármacos
- Antihipertensivos
- Ansiolíticos
- Relajantes
- Neurolépticos
- Oncológicos (cáncer)
- Antiulcerantes

PSICOLÓGICOS

⚥ Estrés

⚥ Trastornos de la alimentación

⚥ Depresión

⚥ Trastornos bipolares

Por último, hay muchos problemas psicológicos que pueden afectar negativamente en nuestra relación de pareja y sexualidad. Uno de sus principales enemigos es la ansiedad. Este trastorno es la reacción de nuestro cuerpo ante una situación que podemos considerar amenazante. Si estamos ansiosos nuestro cuerpo entra en un estado de huida o ataque, todos sus recursos van a estar enfocados en eso y bloqueará la respuesta sexual.

Muchos utilizan las drogas para intensificar las sensaciones durante las relaciones íntimas, evadirse de los problemas o para desinhibirse a la hora de tener un encuentro sexual u erótico. En ocasiones, el efecto deseado se consigue, pero a un precio alto, pues puede causarte un problema en el desempeño sexual de por vida o incluso ponerte en riesgo.

¿Qué hacer si tienes un problema sexual?

La palabra adecuada es trastorno o disfunción pero yo prefiero hablar de un problema porque, en realidad, muchos casos se solucionan relativamente rápido. A veces, es suficiente con quitar las ideas erróneas que la persona tiene sobre sexualidad y enseñar técnicas y habilidades sexuales, o como me gusta decir, "logística amatoria". Por otra parte, detrás de muchas de las complicaciones que la gente considera sexuales pueden subyacer problemas psicológicos o físicos. Desde un chico que insiste en que la quiere más grande, cuando lo que tiene no es un problema de tamaño, sino un trastorno de dismorfia corporal, hasta gente que presenta disfunción eréctil y puede ser un problema de diabetes o incluso de cáncer de próstata.

> *"Me dijo que había gastado sus ahorros y probado todos los remedios en internet para hacerla más grande y que nada le funcionaba. Tenía un tamaño mayor a la media por lo que le recomendé que fuera al psicólogo, claramente lo que tenía era un problema mental." (Amigo de paciente con dismorfia corporal)*

Por esto es vital que acudas con la persona adecuada. Para que un sexólogo dé terapia tiene que haber estudiado medicina o psicología y tener la especialidad en sexología. Es muy triste ver cómo están proliferando en los medios de comunicación los autodenominados "sexólogos" o "investigadores del sexo" que, con sus consejos rápidos, en lugar de resolver el problema lo prolongan causando daños irreversibles.

> *"Llegó a mí por un ataque de pánico, tras la entrevista me confesó que tomaba unas pastillas que recomendaba una "sexóloga" famosa. El paciente había tenido un ataque al corazón provocado por ese potenciador sexual, era un paciente hipertenso. No sabemos la cantidad de gente que muere por estas causas, principalmente porque lo toman en secreto y cuando mueren es por un ataque al corazón."*
> *(Psicóloga)*

Principales disfunciones / trastornos sexuales

A continuación, voy a explicarte brevemente los trastornos sexuales más comunes, si quieres profundizar al respecto te invito a que leas mi segundo libro, *Los Misterios del Amor y el Sexo*, en el que se explican con más detalle.

FALTA DE DESEO SEXUAL/DESEO SEXUAL INHIBIDO

Para que nos excite una persona, normalmente debemos tener deseo o apetito sexual. Es como cuando tenemos hambre, nos pueden poner delante el manjar más exquisito pero si no tenemos ganas no lo querremos comer.

ASPECTOS FÍSICOS QUE PUEDEN AFECTAR NUESTRO DESEO

- Mala alimentación (dietas de adelgazamiento)
- Diabetes
- Bajos niveles hormonales (principalmente de testosterona)
- Cambios hormonales (climaterio/andropausia)
- Problemas cardiovasculares
- Efectos secundarios de algunos fármacos
- Adicciones (como el alcoholismo)
- Enfermedades mentales, depresión, trastornos bipolares, etc.

Las causas de la falta de deseo sexual pueden ser físicas o psicológicas. Entre las físicas estarían por ejemplo una mala alimentación, diabetes o los efectos secundarios de algunos fármacos. Los trastornos mentales como la ansiedad, anorexia o depresión también van a afectar muy negativamente nuestro deseo sexual. Al igual que alguien que nunca tiene hambre debe ir al médico, si no se tiene apetito sexual alguno, tendría que acudir también al especialista porque esto puede ser un síntoma de un problema de salud.

ASPECTOS PSICOLÓGICOS QUE PUEDEN AFECTAR NUESTRO DESEO

- Ideas negativas sobre el sexo
- Fobia al sexo
- Experiencia traumática relacionada con el sexo
- Ideas culturales erróneas sobre el sexo (sólo es para jóvenes)
- Anorexia, bulimia y vigorexia (trastorno de dismorfia corporal)

Por otra parte, a veces puedes tener problemas de atracción hacia tu pareja, o sea tienes hambre, pero no por ella. Esto ocurre frecuentemente en parejas que llevan mucho tiempo en una relación, aunque aman a su pareja, no les atrae tanto como antes. Afortunadamente hay técnicas que pueden ayudar a parejas de muchos años en este aspecto.

"Mi pareja no me excitaba, pensé que yo tenía el problema. Me sentí terriblemente culpable cuando la simple mirada de mi maestro de yoga me dejó completamente excitada. No es justo, pensé, con lo que yo amo a mi marido." (Mujer con bajo deseo sexual)

Otras veces la falta de atracción sexual puede ser causada por la negación de la persona a aceptar su orientación.

"Era tan homofóbico que preferí pensar que no me gustaba el sexo con mi mujer en lugar de aceptar que el problema era que me excitaban los hombres." (Hombre con problema de orientación sexual)

ANORGASMIA

Se cree que una de cada diez mujeres no ha experimentado nunca un orgasmo, curiosamente, en su mayoría los problemas de anorgasmia son causados por factores psicológicos y de aprendizaje y no porque el hombre sea un mal amante. Las causas psicológicas pueden ser variadas, desde ideas erróneas que tenemos sobre el sexo, hasta problemas de ansiedad y concentración o dificultades en la relación de pareja. Un aspecto vital que se tiene en cuenta cuando se habla de anorgasmia es saber si la mujer nunca ha llegado a un orgasmo incluso masturbándose o si el problema sólo ocurre durante la penetración. Afortunadamente si las causas son mentales, las pacientes pueden resolver esta disfunción en un periodo corto de tiempo, entre tres y nueve meses. La terapia está enfocada en eliminar los prejuicios que ellas tienen sobre el sexo, por ejemplo, ideas como que si una mujer piensa en sexo es una prostituta o

Dios la va a castigar. Estos pensamientos sabotean la creación de fantasías sexuales y hacen imposible la excitación. Después, con ejercicios de focalización, concentración y entrega, se le enseñará a llegar al orgasmo, primero sola y luego en pareja.

Dispareunia

La dispareunia es tener relaciones sexuales dolorosas o molestas y se da en ambos sexos. El dolor se puede tener por muchas causas, una infección, que haya una resistencia durante la penetración o porque tras el parto realizaron una episiotomía y los puntos cerraron demasiado la entrada a la vagina. El condón puede producir irritación y la falta de lubricación en la mujer hace que la fricción pueda volverse dolorosa.

En el hombre pueden llegar a doler los testículos tras una relación sexual demasiado larga o no haber eyaculado desde hace tiempo. También puede tener dolor si tiene fimosis, en la que el prepucio no se retrae lo suficiente; si esto pasa probablemente se requiera de una pequeña cirugía llamada circuncisión. Una relación sexual no debe de causar dolor ni antes ni después, si esto pasa debes de ir al médico ya que puede deberse a una infección de transmisión sexual (ITS).

Vaginismo

El vaginismo es la contracción de los músculos del tercio inferior de la vagina que se produce de manera automática e involuntaria cuando hay penetración o, incluso, tan sólo con que las mujeres piensen en ser penetradas. Puede ser un reflejo aprendido que ha podido ser causado por una experiencia sexual desagradable. Una situación negativa como una violación, tener miedo a las relaciones íntimas o miedo al embarazo puede provocar una contracción de los músculos de la vagina que impida la penetración. La paciente acude a terapia con el objetivo de deshacer esa conducta automática, la contracción de los músculos vaginales y, a la vez, aprender a relajarlos.

EYACULACIÓN PRECOZ

Es uno de los padecimientos más comunes entre los hombres, y podríamos decir que es cuando el hombre eyacula antes de lo deseado. En términos generales, que dure menos de 2 minutos tras la penetración. Aunque si por ejemplo, llega en un minuto tras la penetración y ella se queda satisfecha, entonces ya no representaría un problema para el hombre. En el estado de naturaleza la penetración y eyaculación eran un acto rápido, era una posición de peligro en caso de ser atacados. El hombre está diseñado físicamente para tardar poco y sólo necesita ser entrenado para tardar más, es decir, aprender a identificar el momento previo a la eyaculación y controlarlo con técnicas de parada y arranque. Salvo que tenga un problema físico como esclerosis múltiple, para un sexólogo es relativamente sencillo entrenar a la persona para controlar su eyaculación. Aunque hay fármacos para controlarla, personalmente, intentaría aprender esta técnica que además de aprender a controlar la eyaculación, vuelve mejor amante al hombre.

LO QUE DEBES SABER SOBRE LA EYACULACIÓN PRECOZ

- Eyacular antes de la penetración o hacerlo menos de dos minutos después de haber penetrado podría considerarse eyaculación precoz.

- El acto de la penetración y eyaculación es muy rápido, estamos programados para eyacular rápidamente; si se quiere durar más hay que entrenarse para ello.

- Casi todos los hombres han eyaculado precozmente alguna vez en la vida, esto no es un problema y no hay que darle mayor importancia si no se repite.

- La mayoría de las veces, las razones de la eyaculación precoz son psicológicas.

- Rara vez la eyaculación precoz es causada por problemas biológicos como la prostatitis, esclerosis múltiple u otros trastornos neurológicos, pero es recomendable acudir al médico para asegurarse que ésta no es la causa.

- Las posturas que favorecen más el control de la eyaculación son la de cuchara (él por detrás) y en la que ella se sienta arriba.

- Evita las cremas desensibilizadoras o anestesias locales para retardar la eyaculación; también restan sensibilidad.

Eyaculación retardada

Este padecimiento ocurre en una proporción menor de hombres y consiste en que no pueden llegar a eyacular dentro de la mujer o tarda en exceso. Muchos lo relacionan con algo positivo por aquella idea equivocada de que cuanto más duren mejor, pero la realidad es que puede provocar molestias y dolor en la mujer hasta el punto de querer evitar repetir la relación. Las causas físicas de la eyaculación retardada se pueden deber a lesiones nerviosas, diabetes o a la toma de fármacos antihipertensivos o antidepresivos. Entre los aspectos psicológicos que pueden provocarla están el obsesionarse con el momento de la eyaculación, la falta de concentración, la ansiedad de tener una relación sexual o el miedo a no complacer a su pareja.

Disfunción eréctil

Casi todos los hombres han pasado alguna vez por no haber podido tener una erección. Generarla es mucho más difícil de lo que parece y no siempre todo funciona como es debido. Hacer que los conductos se llenen de sangre hasta el punto de elevarse apuntando hacia arriba es casi un acto de magia. No es sorprendente que en otras especies los machos dispongan de un hueso o báculo peneano que les ayuda a elevarlo.

La disfunción eréctil es la imposibilidad de alcanzar o mantener una erección, o bien, conseguir que la firmeza del pene sea suficiente para finalizar una relación sexual con penetración.

Si te ha ocurrido varias veces los mejor es que acudas a un urólogo para que descarte cualquier enfermedad o padecimiento físico. Un problema de erección es una llamada de atención sobre algo que no funciona bien en tu cuerpo. El médico descartará si tienes una enfermedad o si se trata simplemente de que un fármaco te ha provocado esa disfunción eréctil.

Si todos los resultados salen bien, es probable que tu problema de erección tenga una causa psicológica, como una falta de excitación inconsciente, ansiedad excesiva o cansancio. A veces unas simples vacaciones o poner tus pensamientos en otra cosa para quitar la obsesión por no perder la erección pueden solucionar este padecimiento.

En muchos casos, tratar la enfermedad subyacente o simplemente retirar el fármaco que le ha provocado el efecto secundario es suficiente para que la disfunción eréctil desaparezca. En otros casos, tratar previamente la adicción al alcohol u otro tipo de padecimiento, como la depresión.

La ansiedad es una de las principales amenazas para una erección óptima, esto se debe a que dicho trastorno implica un estado de alerta ante un posible riesgo y si nuestro cuerpo se siente amenazado lo último en que va a pensar es en reproducirse, impidiendo la erección.

Muchos hombres, tras un problema de erección circunstancial, dan una importancia excesiva a ese padecimiento y desarrollan ansiedad anticipatoria en futuras relaciones sexuales. Esto quiere decir que enfocan toda su atención al miedo a no fracasar, produciéndose un nivel de ansiedad muy alto que acaba afectando muy negativamente la erección.

Curiosamente también pasa cuando es la primera vez con una persona que le gusta mucho al hombre. Su miedo a defraudar es tan grande, que la ansiedad anticipatoria, ¡sí, el miedo a fracasar!, acaba impidiendo la erección. Si no se le da importancia y se reacciona con buen humor, la probabilidad de que vuelva a pasar es baja.

"Llevaba 5 meses detrás de ella, me gustaba tanto que había soñado con esa primera noche. Todo estaba preparado menos "mi amigo", al que le dio por no reaccionar en el momento más importante. Ahora nos reímos, pero pasé un mal trago." (Hombre con disfunción eréctil por ansiedad)

Reducir los niveles de ansiedad, por ejemplo con técnicas de relajación, resulta efectivo para la disfunción eréctil, aunque ahora el tramiento más utilizado, por su rapidez de acción, es el farmacológico. Me estoy refiriendo a los fármacos de la familia de Sildenafil (Viagra). Estos fármacos los debe recetar un médico y hay que evitar el abuso. Muchos jóvenes utilizan Sildenafil como droga recreacional con el fin de prolongar sus relaciones sexuales, esto les puede causar una dependencia psicológica y que acaben sin poder tener relaciones sin él. Por otra parte muchos acaban en urgencias del hospital con priapismo, una erección continua durante horas que si no se trata puede tener consecuencias muy graves.

"Tengo veinticinco años y siempre uso Viagra, me da mucho miedo no funcionar sin él." (Joven con dependencia al Viagra)

TRASTORNOS SEXUALES

ASOCIADOS AL:

		TIPOS
DESEO	⚥ Falta de deseo sexual	Falta de apetito sexual, ausencia de fantasías sexuales e
	⚥ Deseo sexual hipoactivo →	interés por mantener relaciones sexuales
	⚥ Deseo sexual hiperactivo →	Exceso de apetito sexual
EXCITACIÓN	♂ Disfunción eréctil →	Incapacidad permanente o recurrente de mantener la erección
	♀ Trastorno de excitación sexual →	Falta de la respuesta de lubricación y otras
ORGASMO	♂ Eyaculación precoz →	Eyaculación antes de lo deseado
	♂ Eyaculación retardada →	Prolongación de la eyaculación más de lo deseado
	♀ Trastorno orgásmico →	Dificultad o imposibilidad para alcanzar el orgasmo
DOLOR	♂ Fimosis →	Problemas de retracción del prepucio, produciendo dolor
	♀ Dispareunia →	Dolor al tener relaciones, provocado por distintas causas
	♀ Vaginismo →	Contracción de los músculos del tercio inferior de la vagina que dificulta la penetración, produciendo dolor

Tips para tener
una sexualidad sana

Reta las ideas erróneas que tienes sobre el sexo

La sexualidad es una parte muy importante de nuestra faceta como seres humanos, no debes de darle un peso extremo ni negarla, es parte de nuestro ser más instintivo. Por eso no hay que racionalizar en exceso las relaciones sexuales. Hay gente que ve el sexo como algo sucio debido a que hay un intercambio de fluidos, pero lo cierto es que el pomo de una puerta tiene más bacterias que los genitales de nuestra pareja. El acto de lamer, que es visto por algunos como algo sucio, en el estado de naturaleza significa higiene y cariño. La hembra recién parida lame a su hijo para limpiarlo y los animales se lamen entre ellos también para mostrar cariño y asearse. Nosotros no dejamos de ser animales y en las relaciones sexuales lamemos aquello que va a entrar en nuestro cuerpo.

No te obsesiones con los números

Una relación sexual plena es una cuestión de calidad y no de cantidad, si eres hombre no te obsesiones con cuánto tienes que durar, cuántas veces debes de llegar al orgasmo o cuántos centímetros debe tener tu pene. Esta última es una fijación que está creciendo debido a la industria del porno; los actores que se ven en las películas no sólo no están dentro de la normalidad en términos de tamaño, sino que los ángulos de grabación que toma la cámara hacen que aún parezca mayor. Lo mismo ocurre con la duración del coito, uno siente que duran horas sin saber que hubo varios cortes en la misma película. Por último, sobre todo los hombres, no utilicen este tipo de cintas como guía para aprender a ser un buen amante. Casi todas las películas para adultos muestran lo que a los hombres les gusta ver en las mujeres, no lo que las mujeres realmente disfrutan.

La gran mayoría de los mensajes que incitan a durar más y mejorar el rendimiento son creados por compañías cuyo propósito es venderte productos y lucrar contigo. Si tú estás satisfecho con tus relaciones no dejes que te presionen con "puedes hacerlo mejor".

NO TE OBSESIONES CON LOS TIEMPOS

Todavía hay mucha gente para la que es indispensable llegar al orgasmo al mismo tiempo que su pareja. Esto no sólo no es necesario ni impacta en el placer, sino que además es muy poco probable. Al igual que si vas a un restaurante no tienes que acabar a la vez tu plato de comida y te va a saber igual de rico, lo mismo pasa en el sexo.

PROTÉGETE DE LAS INFECCIONES DE TRANSMISIÓN SEXUAL Y EMBARAZOS NO DESEADOS

Por muy buena apariencia que una persona tenga eso no va a determinar si está sana o no, por lo que es vital que tengas siempre relaciones sexuales con protección, incluyendo sexo oral, tanto en hombres como en mujeres. Cada vez hay más casos de virus del papiloma humano en la garganta.

Otra cosa que muchos hacen es protegerse la primera vez y luego dejar de hacerlo porque sienten que conocen a la persona, pero hasta que no te hagas toda la batería para ITS no debes de tener nunca sexo sin protección.

Por otra parte, hay muchas opciones para que tú o tu pareja no queden embarazados. Para prevenirlo hay métodos hormonales y no hormonales si tu cuerpo no los tolera bien. Cuidado con esas ideas erróneas como que durante la regla no puedes quedar embarazada porque, aunque es mucho menos probable, se puede dar el caso.

NO COSIFIQUES UNA RELACIÓN SEXUAL

Si bien hay mucha gente que puede tener relaciones sexuales sin necesidad de que haya un vínculo afectivo, no hay que olvidar que es un acto con otro ser humano. El sexo no es un deporte, es una relación íntima con otra persona en la que te entrega aspectos muy privados. Hablar cómo fue esa relación sexual con otras personas es faltar al respeto, además de que refleja una falta de valores.

CONCÉNTRATE EN TODO TU CUERPO Y EL DE TU PAREJA

Una relación sexual es como disfrutar un buen plato de comida, lo hueles, lo observas y vas probando cada uno de los ingredientes sin ningún tipo de prisa. Comer corriendo y tragarse inmediatamente el alimento sin saborearlo es algo que no se debe hacer, y de la misma manera, no debes tampoco de ir directamente al coito, pues hacerlo es prescindir de una gran parte del placer que nos puede dar nuestro cuerpo y el de la otra persona.

Practica los homenajes o autoerotismo

Cuando los hombres llegan a su primera relación con coito ya se han masturbado (o como digo yo, "se han dado un homenaje") repetitivamente y conocen perfectamente sus puntos de placer y cómo estimularlos. Desafortunadamente aún hay muchas personas que llegan a su primera relación íntima sin haberlo hecho nunca antes. Satisfacer el deseo sexual requiere de un aprendizaje y autoconocimiento de las zonas de placer y saber masturbarte es asignatura clave de este entrenamiento. Ésta es una recomendación enfocada principalmente a las mujeres porque los hombres ya lo hacen.

Haz los ejercicios de Kegel periódicamente

Los músculos del piso pélvico, también llamados múscu-los pubocoxígeos, son una serie de músculos y ligamen-tos que cierran en forma de rombo la parte inferior de la cavidad abdomino-pelviana sujetando la vejiga, el útero y el recto en la mujer. Es como si fueran una hamaca, si pier-den su fuerza acaban moviendo estos órganos y causando incontinencia urinaria y prolapsos o caída de los órganos intraabdominales. Si practicamos los ejercicios de Kegel de una manera periódica vamos a intensificar el orgasmo, con-trolar mejor la eyaculación y tener erecciones más firmes en el caso del hombre, y a poder contraer la vagina y con ello dar más placer a la pareja en el caso de la mujer.

Acude a un experto si tienes un problema sexual

No pierdas el tiempo comprando remedios en internet o preguntando a un amigo, si tienes un problema en tus relaciones sexuales acude a un psicólogo o médico con una especialidad en sexología.

¿Por qué hay tanta gente traumatizada sexualmente?

La enorme represión por parte de las distintas religiones e ideologías que ha existido sobre la sexualidad ha hecho de una faceta natural y necesaria del ser humano un aspecto oscuro y prohibido.

Si te digo que no pienses en una rana rosa, ¿en qué piensas? ¡En una rana rosa! Por una parte, pensarás más en la rana rosa, pero a la vez te sentirás mal por haber desobedecido las reglas. La sexualidad es parte de una vida sana, una fuente de placer, parte de nuestra naturaleza, de nuestro yo instintivo, además de ayudarnos a vincularnos afectivamente. Nuestra sociedad nos ha dicho constantemente que está mal. Si un niño se toca los genitales por pura curiosidad, todavía hay padres que le gritan y le dicen que ni se le ocurra. Me ha tocado ver hombres traumatizados porque a la edad de 5 años, por el simple hecho de tocar a su primita de la misma edad los genitales, los acusaron de violadores.

"Tengo miedo de abusar de mi hija, no quiero que me pase lo mismo que cuando tenía 6 años, toqué a mi primita, abusé de ella, fue un drama familiar y nos separaron hasta ahora. Se ha vuelto una obsesión."
(Hombre de 32 años)

La mayoría de los traumas sexuales los ha causado nuestra sociedad, cuanto más restrictiva y más prohibitiva, más traumas creamos. No es sorpresa que muchos psicópatas que cometen actos criminales hayan tenido una educación sexual muy represiva. El sexo se volvió una obsesión en la que parte del ritual de compulsión implica abusar o humillar sexualmente a otra persona que es sucia por tener sexo.

ADICCIONES

Adicción a las drogas

Todavía cuando hablamos de una adicción hay personas que juzgan muy negativamente a un drogadicto porque piensan que se lo ha buscado. Esto, además de falta de empatía, demuestra un gran desconocimiento sobre las adicciones. Opinar es muy fácil sobre todo cuando desconocemos qué lleva a alguien a volverse adicto sin ser conscientes de que lo que hoy nos es ajeno, mañana podemos sufrirlo en carne propia.

> *"Todos sabemos que la heroína es mala, que es adictiva, que engancha y aun así algunos deciden drogarse. Si no hubiera drogadictos no existiría ni el narcotráfico, ellos lo causan." (No adicto)*

Una adicción es una enfermedad en la que la persona, en un momento de vulnerabilidad, cae. Tropezar es más fácil de lo que creemos y levantarse puede parecerles a muchos tarea casi imposible.

Es cierto que si las adicciones no existieran las personas seríamos más felices, las calles más seguras y el crimen organizado disminuiría radicalmente. Pero también es cierto que si ninguno rebasáramos los límites de velocidad en el coche casi no habría accidentes, si comiéramos sano no habría obesidad y si todos usáramos un preservativo se podrían erradicar la mayoría de las ITS.

Vemos a los drogadictos como personas que eligieron destrozar su vida por decisión propia. Juzgar y generalizar es tremendamente injusto y erróneo. Somos humanos, tenemos fallas y sobre todo la misma circunstancia puede afectar de manera muy distinta a cada uno de nosotros. La misma sustancia puede hacer que una persona sólo tenga un mal viaje y que la otra acabe volviéndose adicta a ella.

Nadie empieza enganchándose a algo pensando que no va a poder vivir sin ello. La mayoría de las adicciones nace cuando estamos en un estado de vulnerabilidad, bajamos la guardia y dejamos que cualquier persona o sustancia nos rescate. En el caso de las drogas primero nos impulsan para después hundirnos más.

> *"Mi novia me había dejado, el trabajo me tenía súper estresado, estaba muy nervioso, sin paz. Fumar mota (marihuana) todas las noches me relajaba. Luego me fumaba uno antes de ir al trabajo y por las tardes con los amigos. También fumo cuando tengo sexo. Ya no concibo mi vida sin ella, me salvó la vida." (Adicto no reconocido a la marihuana)*

Aunque la heroína y la cocaína son altamente adictivas (la heroína nos puede volver adictos en veinte días), el mayor número de enfermos se concentra alrededor del alcohol y de la nicotina. Estas dos sustancias tienen en común dos ideas erróneas que se dan en casi todos los que las consumen: "No es una droga" y "la puedo controlar".

Cuanto menos miedo tenemos a algo mayor es nuestra sensación de control, de ahí que el alcohol sea la adicción número uno y la razón de que sea tan peligrosa. Hay muy

CLASIFICACIÓN DE LAS DROGAS

EFECTO

DEPRESORES DEL SNC

- Hipnóticos
- Benzodiacepinas
- Alcohol
- Opiodes
  - Heroína
  - Morfina
  - Metadona
  - Casi todos los analgésicos de receta
- Cannabinoides
  - Marihuana
  - Hachís

Dosis bajas: euforia
Dosis altas: letargo

ESTIMULANTES DEL SNC

- Anfetaminas
- Todos los tipos de cocaína
- Metilfenidato
- Productos para bajar de peso
- Nicotina
- Cafeína
- MDMA (éxtasis o tacha)

Mejora el estado de ánimo, aumento de capacidad física y mental.

ALUCINÓGENOS

- LSD
- Mescalina
- Psilocibina
- Peyote

Hacen sentir que percibes imágenes, sonidos y sensaciones que no puedes captar normalmente.

pocas situaciones en las que no estamos rodeados por la bebida y en la mayoría de ellas, aparece como un medio facilitador de aquello que hacemos. El mundo del cine nos "embriaga" con películas que enaltecen sus efectos, uniendo a los amigos, encontrando al amor de su vida, logrando la fiesta del siglo o utilizando el brindis para celebrar algo bueno.

> "El 60% de las escenas donde dos personas se hacen grandes amigos, resuelven un conflicto emocional o se enamoran es con una copa en la mano. Un niño lo ve y cuando llega a ser mayor de edad, o antes, ya ha asociado la bebida a todas las cosas buenas."
> (Psicólogo)

Quizá si hubiera conciencia y se aclarara concretamente a qué dosis el alcohol es dañino y adictivo, tendríamos una relación más sana con esta sustancia.

> "Una cerveza al día no es mala, no te hace daño. No hay que satanizar el alcohol pues volverlo prohibido lo hace más atractivo para los jóvenes." (Psicólogo)

¿CÓMO SÉ SI SOY ADICTO?

Una adicción es una enfermedad en la que la persona se vuelve dependiente de una sustancia que modifica el funcionamiento de su cerebro y consecuentemente, su manera de pensar y comportarse. Empieza a consumir por el efecto positivo que le produce y llega un momento en que la necesita para evitar el malestar de estar sin ella. La señal más clara de que eres adicto es la incapacidad para evitar que se repita la conducta de tomar la droga, o dicho de otra manera, no poder dejar de consumirla.

> *"El problema de una adicción es el abandono de todo lo que es importante para la persona, su vida gira en torno a la droga, dejando a un lado las responsabilidades sociales y familiares, que antes eran su prioridad." (Psiquiatra)*

El adicto pierde su libertad y se vuelve esclavo de esa sustancia que acaba perjudicando todas las facetas de su vida.

> *"Me levantaba pensando en cómo iba a conseguir la mota (marihuana), si tenía que volar iban a ser casi 24 horas sin fumar. Me podría llevar un poquito, estaba dispuesto a arriesgarme a ser detenido, a tirar mi vida, sólo por poder llegar y fumar allá. La mota me controlaba a mí y no yo a ella." (Adicto a la marihuana)*

¿CÓMO UNA PERSONA SE VUELVE ADICTA?

Nuestro cerebro está diseñado para rechazar el dolor o lo desagradable y ser receptivo al placer. Cada vez que hacemos algo que nos gusta, nuestro sistema límbico activa su centro de recompensa y libera dopamina y endorfinas que nos hacen sentir bien y nos dan placer. Cuando consumimos drogas, éstas activan la misma parte del cerebro produciendo una sensación de bienestar y deleite. El problema es que cada vez se va a necesitar más droga para conseguir el mismo efecto que al principio, a esto se le llama tolerancia.

"Al principio una raya me bastaba para toda la noche, luego necesité varias y ahora me las meto todos los días. Podría dejarlo, pero no quiero." (Adicto a la cocaína)

La cocaína es la droga de la socialización, tiene un efecto de activación, de hacerte sentir bien. Se puede consumir de muchas maneras, por la nariz, en un cigarro o chupada. Hay gente que toma un tipo de cocaína combinada con bicarbonato llamada "crack", es una especie de piedra que se calienta y se aspira. Al hacerlo, la droga llega al cerebro muchísimo más rápido, mientras que cuando la inhalas tarda entre 5 y 8 minutos en hacer efecto y fumada puede demorar de 8 a 10 segundos. El efecto inicial es el de más energía, mayor nivel de alerta, de conciencia sobre las sensaciones, se generan grandes cantidades de dopamina haciéndote sentir extraordinariamente bien. El efecto de la droga dura entre 10 y 20 minutos dependiendo de cada persona. Cuando su impacto en el cerebro termina, los niveles de dopamina caen en picada haciéndote sentir muy triste y cansado, requiriendo otra dosis para volver a sentirte bien.

Con la mayoría de las drogas se llega a un punto en que el efecto "positivo" por el que se usan ya no se consigue con la sustancia, pero si no se consumen se produce un gran malestar y un fuerte dolor físico. En ese momento todo efecto lúdico desaparece y sólo se toma para no sufrir el síndrome de abstinencia.

¿QUÉ ES EL SÍNDROME DE ABSTINENCIA?

Ésta es la cara B de las drogas, de la que nadie habla cuando en la fiesta más "cool" te ofrecen una rayita o un pase para el viaje de tu vida.

Si al día siguiente de una borrachera tienes cruda o resaca y bebes para sentirte mejor, eso puede ser una señal de que podrías ser alcohólico. Tu cuerpo está sufriendo un principio de síndrome de abstinencia y tú le estás dando la dosis mínima para evitar los efectos. Tu organismo pierde su capacidad para crear dopamina de manera natural, la bebida ya no te da el placer que producía al principio, ahora se trata únicamente de no sentirse mal.

"Después de beber mucho la noche anterior me levanto fatal, triste y como si me hubieran pegado una paliza. Bebo unas cervezas y ya te deja de doler el cuerpo." (Alcohólico de fin de semana)

El síndrome de abstinencia es un conjunto de reacciones físicas y psicológicas que causan un gran malestar cuando se deja de consumir la droga o se disminuyen las dosis. Los síntomas que se presentan durante este periodo dependen mucho de la sustancia, la gran mayoría causa mucha ansiedad, dolor intenso en todo el cuerpo, tristeza profunda, alucinaciones, pesadillas, sudoraciones o agresividad. Con algunas drogas como el alcohol y los tranquilizantes, retirarlas de repente sin la ayuda de un médico puede producir crisis convulsivas, delirio, paranoias e incluso poner en riesgo la vida de la persona.

Desintoxicación

La desintoxicación es el tratamiento que tiene que seguir una persona adicta para acabar con la dependencia física a una sustancia. Este proceso tiene que ser monitoreado por el médico y muchas veces requiere el ingreso hospitalario del paciente.

Uno de los grandes malentendidos es pensar que una vez que el adicto se ha desintoxicado ya no tiene el riesgo de volver a las drogas. Esto sólo es parte de un proceso largo que requiere del apoyo de muchos especialistas, psicoterapia y de adaptación o cambio de entorno.

Aunque nuestro cerebro se recupera guarda un recuerdo emocional muy fuerte, es como cuando escuchas una canción que te recuerda a tu ex y te provoca una cascada de sentimientos.

"Mi tropezón con las drogas fue breve pero intenso, en aquella sala ponían una música especial y bailábamos durante horas. Un día probé el Speed y era increíble, horas sin parar como si nada. Cambié de ciudad y un día en una fiesta empezó a sonar esa música y menos mal que allí nadie consumía porque habría caído seguro." (Consumidor de anfetaminas)

La persona con una adicción, cuando percibe algo que le vincula directamente a la droga (amigos con los que consumía), detona en su cuerpo el recuerdo de las sensaciones que sentía con la droga (relax y diversión) y esto le puede causar una recaída (volver a consumirla).

> *"Los grandes momentos con mis amigos fueron bebiendo en la fiesta. Después de dejar de tomar me tuve que alejar de ellos. Luego aceptaron que era otra persona, pero seguía siendo su amigo. Ahora quedo con ellos por las mañanas para jugar al tenis, pero de fiesta imposible."* (Alcohólico)

Por otra parte, cuando una persona deja de consumir una sustancia tóxica tiene que tener cuidado porque, aunque podría ya no ser dependiente de ella, si tiene una personalidad con tendencia a las adicciones, puede acabar en otra, ya sea física o mental.

PELIGROS DE ALGUNOS CENTROS DE DESINTOXICACIÓN

Las sectas son organizaciones especialmente experimentadas en cautivar a personas en estado de vulnerabilidad y debilidad. Un gran número de adictos es captado por esos grupos cuando trata de desengancharse, muchos acaban con su adicción al precio de ser atrapados por esa gente que acaba aprovechándose de ellos.

Una vez en manos de la secta la persona ya desintoxicada, el exadicto, tiene una idealización del grupo o de su líder. Todo su bienestar lo atribuye a ese individuo, lo que complica mucho que el paciente se dé cuenta de lo que está ocurriendo pues lo ve como su salvador. "Desengancharse" de esa creencia y volver a hacerse cargo de su vida puede ser más difícil que zafarse de una sustancia altamente adictiva. Con suerte, es la familia la que fuerza a sacarlo de la organización, sin ella, se acaba perdiendo al enfermo para siempre.

Daños permanentes que pueden producir las drogas

Los cambios químicos que producen en el cerebro las drogas empiezan a generar paranoia. Alguien con este tipo de problema tiene la sensación de que está siendo constantemente observado de una manera muy negativa. El drogadicto o exdrogadicto siempre es el bueno y se siente perseguido por alguien malo. La cocaína provoca vasoconstricción, las venas se contraen formando espasmos, incluso se pueden generar lesiones y normalmente se producen en el lóbulo frontal; se vuelve agresivo porque ya no puede controlar sus actitudes al tener dañado el lóbulo frontal. Te crea euforia y luego angustia cuando te falta.

En el caso de las drogas ilegales, nunca se tiene la certeza absoluta de cómo va a responder tu cuerpo porque no puedes garantizar que la sustancia que vas a tomar es la misma. Puede ser la primera vez que las pruebes o que ya seas asiduo, pero en ambos casos, existe la posibilidad de que te lleven a un lugar sin retorno. Las drogas pueden producir trastornos psicóticos que te acompañen de por vida. Con una sola vez que tomes una raya de coca o LSD, la química de tu cerebro puede cambiar para siempre.

¿Por qué una persona se vuelve adicta?

Hay varias razones por las que una persona decide probar una droga, la búsqueda de sensaciones nuevas y experimentar son algunas de ellas. Es importante tener en cuenta que cada estupefaciente tiene un efecto distinto sobre cada persona, si te tranquiliza que a tu amigo no le afectara mucho cuando la probó, no creas que eso ya te garantiza a ti lo mismo, ¡nadie sabe! Por otra parte, como la mayoría de las drogas es ilegal, no hay control sobre las sustancias y las llegan a adulterar con otros elementos que producen efectos distintos a los esperados.

Hay personas que están bien pero que viven en la búsqueda de nuevas experiencias emocionales y sensoriales y eso las lleva a las drogas. En vez de querer escalar el pico más alto de una montaña, viajar, ser voluntario ayudando a personas con necesidades o rescatando animales, buscan experimentar con sustancias como el MDMA o LSD. El precio de hacerlo puede ser desde una taquicardia o envenenamiento, hasta desarrollar un brote psicótico y quedarte en el "viaje" de por vida. Por otra parte, si tienes una mayor vulnerabilidad a padecer trastornos bipolares o esquizofrenia estas drogas te los pueden detonar.

"Me encanta probar nuevas sustancias, dejarme llevar por sus sensaciones, me desbloquea canales, me da ideas que me hacen ver las cosas desde otra perspectiva." (Hombre autodenominado experimentador)

Otra razón por la que alguien se droga es evadirse del dolor o evitar enfrentarse a una situación dolorosa. El alcohol y la heroína, entre otros, son utilizados para este fin. Estas sustancias son depresoras del sistema nervioso central y aunque en pequeñas dosis o al principio los haga sentir bien, su efecto principal es de aletargamiento.

"Bebo para olvidar como dice la canción. Me voy a emborrachar, al no saber de ti, que sepas que hoy tomé, que hoy me emborraché por ti." (Juan Gabriel)

Desafortunadamente todavía hay una cultura muy machista que hace avergonzarse a los hombres de mostrar sus emociones, por lo que beber se ha vuelto una excusa para canalizarlas.

Otros buscan superar la timidez o tienen una baja autoestima y utilizan la cocaína o el alcohol como "muletilla" para apoyarse en un contexto social o relajarse en situaciones que consideran estresantes.

"Doy una calada de marihuana y me siento más tranquilo, como si todo tuviera menos importancia." (Adicto a la marihuana)

Otras personas se vuelven adictas sin saberlo. Me refiero a aquellas que están internadas durante mucho tiempo y son tratadas para el dolor u otro padecimiento donde tuvieran que utilizar benzodiacepinas u opiáceos. Gran parte de los analgésicos para el dolor severo nos puede generar dependencia en pocas semanas. La buena noticia es que a la mayoría de los pacientes que están con estos tratamientos se los van retirando de manera gradual y salen prácticamente "desintoxicados" del hospital.

Como ves, hay muchas razones que pueden conducir a una adicción. La mayoría de la gente quiere cubrir una necesidad de manera artificial, cuando realmente todo aquello que esperamos de una droga lo podemos conseguir naturalmente. En estados de meditación profunda puedes tener experiencias sensoriales que jamás podrías haber imaginado con drogas. Si practicas sexo tántrico puedes tener relaciones sexuales increíbles sin ningún tipo de sustancia añadida. Aprendiendo habilidades sociales puedes conocer a la persona que quieras y gustarle por lo que eres realmente, sin necesidad de adornos. Y si tienes un problema o un gran sufrimiento, nada mejor que ir a terapia y apoyarte en la gente que quieres. Lo único que puede y debe ser adictivo es la vida.

Adicciones a conductas

Cuando hablamos de adicciones la mayoría pensamos en sustancias, pero también puede haber adicciones sin una sustancia adictiva. Cualquier conducta se puede convertir en una adicción y los procesos son muy similares.

Al igual que en la dependencia a las drogas, el placer de ejecutar una conducta también puede crear tolerancia. Cada vez tienes que realizar más frecuentemente esa acción a la que eres adicto para conseguir la misma satisfacción que al principio. También se da el síndrome de abstinencia, porque si se trata de retirar ese comportamiento el malestar que siente la persona es muy grande, aumentando su ansiedad, volviéndose más irritable o teniendo una tristeza profunda que la puede llevar a padecer hasta depresión.

NUEVAS ADICCIONES

- Compras
- Trabajo
- Comida
- Sexo
- Internet
  - Cibersexo
  - Sistemas de mensajería instantáneos y chats
  - Videojuegos
  - Apuestas online
  - Realidad virtual
  - Redes sociales
- Ejercicio físico

Y también tienen terribles consecuencias; te separan de tu proyecto de vida, pierdes tu relaciones familiares, acaban aislándote, te ponen en riesgo o incluso pueden llevarte a la ruina. Por ejemplo con los juegos en línea, en los que la persona pierde la noción del gasto y acaba endeudándose económicamente.

"Mis padres me lo prohibieron, me quitaron mis redes sociales, me sentía muy vacía, no quería hacer nada. Me dio una tristeza tan profunda que decidí no salir de la cama en cuatro días." (Adicta a las redes sociales)

Cualquier conducta que produzca placer puede causar dependencia y ser incluso más peligrosa que la adicción a sustancias, ya que no la percibimos como peligrosa.

Habiendo tantas me gustaría hablar de aquellas en las que considero la mayoría está en riesgo de caer, me estoy refiriendo a las adicciones digitales. Porque aunque gran parte de nuestro tiempo lo pasamos usando estos medios, a pocos nos preocupa que las actividades que realizamos en la red puedan volverse adictivas.

Algo que hace aún más peligrosas las adicciones a los medios digitales es su disponibilidad absoluta. Esto provoca, por ejemplo, que el ludópata pierda toda noción de que el dinero que está apostando es real, haciendo posible que se arruine antes. O que el adicto a lo que hoy llamamos *camming* (antes consumidor de prostitución), pierda la noción del tiempo que está en online mientras está excitado viendo a alguien a través de su cámara y peor aún, gastando grandes cantidades de dinero. A continuación, voy a mencionar algunas de las adicciones digitales en las que muchos podríamos caer.

ADICCIÓN A LAS REDES SOCIALES

Hay mucha gente, sobre todo los más jóvenes, cuya baja autoestima o inseguridad la lleva a una búsqueda constante del reconocimiento de otros y las redes sociales se han vuelto la manera de compensar esa falta de seguridad, volviéndose adicta a éstas. Para ellos Instagram o Facebook representa el medio para sentirse aceptados y reconocidos socialmente. El enganche se produce gradualmente, empiezan colgando fotos y mensajes buscando la aprobación a través de un "me gusta". Esto inicialmente les da un estado de activación que alcanza el mayor placer tras percibir la aprobación de otros después de un "me gusta".

"Es poner mi foto en Instagram y al principio no pasa nada, esperas, te dan como unos nervios y luego empieza a sonar cada persona que le ha dado un "me gusta". Luego los comentarios. Al mediodía cuando esa foto no tiene más reacciones, ya pongo un video."
(Adicta a redes sociales)

Poco a poco se enganchan más a esa dinámica enfermiza (activación- placer por un "me gusta"), ponen cada vez más comentarios, fotos y videos, hasta el punto de estar más pendientes de sus redes sociales que de su realidad. Acaban desconectándose de la gente a su alrededor, sus estudios e, incluso, exponiéndose a riesgos como ver sus perfiles mientras van en el coche o cruzando la calle.

Otras personas además del reconocimiento requieren controlar su entorno. A través de las redes siguen con interés (yo diría con obsesión) la realidad de otros, llegando a padecer el síndrome de FoMO, acrónimo en inglés de "fear of missing out" y que se traduce por "miedo a perderse algo". Es una necesidad de estar conectado permanentemente y de estar al tanto de todo lo que está haciendo la gente que considera importante en su vida. Desplazan el centro de atención de su propia existencia hacia la de otras personas. Se vuelven tan dependientes de las redes sociales que el hecho de no empezar el día viéndolas les puede generar un nivel de ansiedad muy alto.

"Me levanto y veo en "Facebook" que etiquetan a mi amiga en una cena cuando me dijo que no iba a salir. Me puse a llorar, mi madre me dijo: de todas formas

no hubieras podido ir, tienes examen, es una pena que
no tengas otra cosa en tu vida que ver qué hace el
resto." (Síndrome de FoMO)

VIDEOJUEGOS

Nadie duda de que hay videojuegos que pueden mejorar la agilidad mental, la concentración, e incluso crear un espacio de interacción para romper el hielo y empezar a socializar con los amigos. Pero cuando su uso se vuelve abuso, también puede llegar a ser una conducta adictiva.

Los videojuegos o juegos online tienen muchos más seguidores que el cine. Son millones los que a diario se sumergen en una realidad virtual donde pueden jugar y vivir en un "universo alterno" con gente que está conectada como ellos. Este espacio les brinda muchos más incentivos para experimentar que los del mundo material.

Esa "realidad irreal" puede hacer que te conectes a los juegos de cuatro a siete horas diarias pudiendo descuidar trabajo, estudios o alimentación. La falta de luz natural te lleva a un estado emocional alterado en el que pierdes la noción del tiempo y del momento en que vives. Compartir la experiencia con alguien te retroalimenta para seguir jugando y también te engancha a una dinámica de aislamiento.

"Entrabas a mi habitación y estaba llena de cajas
de comida y las cortinas estaban corridas. Llegaba
del trabajo y me ponía a jugar hasta las cuatro de
la mañana. Me quedé dormido varias veces, dejé de
entregar a tiempo, cada vez tenía menos clientes, mi

novia me dejó. Toqué fondo el día que me cortaron la fibra óptica, reaccioné peor que si se muriera un ser querido." (Adicto a videojuegos)

MENSAJES DE TEXTO

¿Eres de los que cuando estás teniendo una maravillosa conversación con alguien y te llega el aviso del WhatsApp no puedes esperar, tienes que ver quién te escribió?, ¿lo primero que haces al despertar es revisar los mensajes?, ¿duermes al lado del teléfono?, ¿es domingo familiar, estás en el cine y no puedes ver la película completa sin al menos comprobar si tienes una notificación? Si has contestado que sí a alguna de estas preguntas, al menos tienes una relación tóxica con tu teléfono y puede ser probable que tengas una adicción. ¿Adicción? ¡Qué exagerada! - pensarás.

Probablemente no es una adicción como las tradicionales, pero a largo plazo puede tener un impacto letal en tu vida si no le pones límites.

Si sigues así, tu capacidad de recordar va a empeorar porque tu atención siempre va a estar dividida entre lo que haces y tu teléfono. Tus relaciones se volverán superfluas porque al final la gente nota que no estás presente y cometerás más errores en tu trabajo.

"Mi jefe mandó un mensaje pidiendo mi dimisión. Había mandado información confidencial a un cliente por WhatsApp, fue un error de dedo, tantos mensajes que contestar." (Testimonio)

Tu nivel de ansiedad va a aumentar porque estás constantemente en estado de alerta. Tu relación de pareja se verá deteriorada por utilizar tu teléfono para evitar lidiar con conflictos que antes solucionabas hablando. Los que se ven más afectados son los hijos, ellos son los que se dan más cuenta de tu total desconexión.

> "Saliendo del colegio besé a mi hija. Subimos al coche y me reclamó: no me has dicho nada. Me había hecho un dibujo que metí en la bolsa, le pedí disculpas. Ni la había mirado a los ojos. No te preocupes, mamá, sé que el teléfono es muy importante. En ese momento me di cuenta de que tenía un problema." (Adicta al teléfono)

PORNOGRAFÍA EN INTERNET

La pornografía ha existido siempre. Los hombres son muy visuales y desde el principio de la humanidad han tenido material que les ha ayudado a "prenderse" más rapidamente. De las revistas o fotos utilizadas para excitarse en los ochenta, pasaron a las películas en VHS y ahora en internet navegan entre videos de mujeres, hombres, tríos y todo tipo de fantasías.

En la intimidad de su hogar entran a páginas para adultos, la gran mayoría gratuitas, con un alto grado de estimulación visual, se excitan rápidamente y llegan al orgasmo, finalmente se relajan para después necesitar repetir esa conducta. Muchos pueden pasar hasta cinco horas en línea al día. Cada vez necesitan imágenes más intensas, convirtiendo esta actividad en adicción, y acaban saboteando sus relaciones de pareja con tal de evitar encuentros sexuales. Al estar acostumbrado a recibir una estimulación visual muy intensa para excitarse, su cuerpo ya no responde ante la presencia de su compañera y aunque la ame, prefiere dejarla antes que confesar su adicción.

"No me gustaba tener relaciones con mi pareja, ni me excitaba tanto ni me daban tanto placer. Tampoco quería que se quedara en mi casa a dormir porque no podía hacer mis cosas o me tenía que ir al baño. Me dejó porque pensaba que le era infiel pero la realidad resultó peor, era adicto al camming." (Adicto al sexo online)

DEMENCIA

¿Qué es una demencia?

Una demencia es un deterioro de las funciones mentales, que llega a producir una alteración en las actividades de la vida diaria de la persona llegando incluso a provocar su total falta de independencia. La nueva ola de etiquetas ya no se refiere al Alzheimer y demás demencias como tales, ahora se ha sustituido por trastornos neurocognitivos, que es bastante más exacto. Aunque en la calle y probablemente tu médico de cabecera también lo sigan llamando demencia o con su coletilla y todo, demencia senil.

¿Vejez es sinónimo de demencia?

No. Es una enfermedad que está principalmente asociada a la edad, pero el envejecimiento no tiene por qué ser patológico, puede ser normal e incluso pleno. Al igual que disminuyen otras facultades y no vemos tan nítidamente o no nos movemos tan ligero, nuestro rendimiento intelectual tiene una disminución normal, pero nos apañamos perfectamente sin que se altere nuestra vida cotidiana.

Y precisamente por esta razón no nos puede valer ir a la consulta del médico y al explicar nuestros síntomas quedarnos conformes con que nos digan: "Lo suyo es cosa de la edad". ¿De qué edad?

¿A QUIÉN ACUDIR?

El primero en recibir quejas de síntomas que hagan sospechar de una posible demencia es el médico general, que si es tu médico de toda la vida y te conoce ya desde todos los prismas mucho mejor. Si es necesario tu médico de cabecera te derivará a los especialistas (es muy probable que todos empiecen con "neuro").

Lo primero que hay que hacer es descartar que se trate de un "deterioro normal de la edad" con pequeños olvidos benignos que no afectan a la vida del paciente, frente a un "deterioro leve del pensamiento" que ya puede considerarse como un riesgo o la antesala de la demencia. También hay que descartar efectos de un abuso de fármacos ya que un paciente bajo estas condiciones puede parecer demente.

Si aparece de repente y de forma aguda hay que sospechar de un síndrome confusional agudo o delirium que puede deberse a una infección o intoxicación y es reversible. Descartar una depresión también es importante ya que, aunque presentan quejas de memoria y se puede confundir, la memoria en depresivos no está deteriorada.

Si ya tenemos claro que sí es una demencia debemos tener en cuenta que la enfermedad de Alzheimer (EA) no es la única, otras dos muy frecuentes son las demencias Vasculares y la demencia de Lewy.

¿Cómo evoluciona una demencia?

Ni todos los síntomas se dan en todos los enfermos, ni la enfermedad evoluciona igual. Pero la mayoría de los enfermos pasa por tres fases: inicial, intermedia y tardía. En cada una de ellas avanzan cada vez más las pérdidas y el grado de dependencia hasta llegar a la total demencia. La demencia no mata al enfermo, muere por las complicaciones asociadas como son caídas con traumatismos o fracturas, desnutrición, deshidratación, abandono de la medicación por otras enfermedades, infecciones urinarias y neumonía por aspiración, entre otras.

Enfermedad de Alzheimer (EA)

Efectivamente no es la única pero sí es la más conocida y la más frecuente causa de demencia neurodegenerativa (van muriendo neuronas y se acumula una proteína anormal). La EA se caracteriza por un inicio lento, gradual y poco claro y por un deterioro cognitivo progresivo. Es una enfermedad crónica que avanza progresivamente hasta la muerte del paciente, el cual presenta una vida media de diez años desde el diagnóstico.

Hay quien cree que es algo así como si el envejecimiento normal pisara el acelerador. Al día de hoy se desconoce la causa, nadie sabe qué es exactamente lo que produce esta enfermedad. Hasta ahora lo único que se maneja son factores de riesgo, pero ninguno garantiza que vayas a tener la enfermedad. Tener 80 años te acerca mucho pero no quiere decir que la vayas a tener con seguridad, con lo cual, aunque la edad avanzada es el factor de riesgo más grande, hay algo que todavía desconocemos: ¿por qué unos sí y otros no?

SEÑALES QUE TE HACEN SOSPECHAR QUE TU FAMILIAR PADECE ALZHEIMER

El primer síntoma o queja de pacientes o familiares es la pérdida de memoria para hechos recientes. Se olvidan más de lo que ocurrió ayer o hace una semana y recuerdan episodios de su infancia. Les resulta muy difícil retener y recordar información nueva.

> *¿Cómo es posible que no sepa qué ha comido pero se acuerde de su colegio?" (Pareja de EA)*

La pérdida de memoria será progresiva hasta llegar a la nada y uno de los momentos más duros para sus familiares es cuando no los reconoce.

> *"Es muy duro cuando tu padre te dice que no sabe quién eres. Aunque sabe mi nombre, no sabe quién soy." (Hija de EA)*

Progresivamente se van afectando otras capacidades del pensamiento que producen síntomas como la desorientación en el tiempo y espacio (pueden perderse en su casa o en su propio barrio) o de comportamiento (cambios de humor o alteraciones del sueño).

Rafael González Maldonado en su maravilloso libro *El extraño caso del Dr. Alzheimer*, uno de los mejores libros de divulgación que se ha escrito sobre el Alzheimer, lo resume clara y concisamente:

> "Olfato, Memoria, Lenguaje y Movimientos. En ese orden se pierden las funciones. Empiezan por perder el olfato (anosmia) aunque no se dan cuenta. Muy pronto les falla la memoria (amnesia). Siguen los trastornos del lenguaje (disfasia) y de las habilidades motoras (dispraxia). En etapas finales aparece la dificultad de marcha y la incontinencia. Los problemas de conducta empiezan en el intermedio."
> (El extraño caso del Dr. Alzheimer)

Cómo detectar la demencia

Aunque el diagnóstico lo tiene que hacer un especialista, los principales síntomas que nos deben poner en alerta son:

Dificultades para llevar a cabo tareas cotidianas complejas: realizar compras, administrar o manejar dinero, cambios en el rendimiento laboral, tomar correctamente la medicación, accidentes o errores en la cocina o seguir una ruta con el coche.

> "Siempre iba por el pan y empezó a poner excusas hasta que se negó en rotundo, yo me enfadé mucho porque le venía bien ese paseo hasta que en la tienda me dijeron que se equivocaba constantemente con las monedas." (Familiar de paciente con demencia)

Confusión en entornos familiares: perderse en el barrio donde vive o preguntar para orientarse en recorridos cotidianos.

Dificultades con palabras y números: lenguaje más pobre que antes, no encontrar palabras, dificultad para calcular mentalmente o dejar de leer porque no se entienden las palabras.

> *"Hacía mucho calor y me decía: tráeme uno de esos. Y yo no lo entendía e insistía: sí, uno de esos que se enchufan, uno de esos que giran, uno de los que te dan aire. Y veíamos cómo se iba enfadando porque no le salía la palabra, hasta que caí y le dije ¿un ventilador? Sí, eso, me dijo al fin." (Familiar de EA)*

Pérdida de memoria: olvidar hechos recientes o de hace unos días, como lo que has comido o la visita de ayer, errores al recordar datos de su vida personal o no acudir a citas.

Cambios de humor y comportamiento: falta de interés, irritabilidad, dificultad para prestar atención, aislarse de los demás, agitación o tristeza.

> *"Mi madre era muy dulce y servicial, pero empezó a quedarse como ida o a estar quejándose todo el rato, como de mal humor. Cada vez que aparecía mi padre no paraba de meterse con él." (Hija de EA)*

Es importante que si detectas algo extraño no esperes a estar seguro y haz oídos sordos a eso de que es algo propio de la edad, acude raudo y veloz a consultar al médico pues en este caso, sí hay mucho que perder.

¿SE PUEDE IMPEDIR QUE AVANCE?

El Tratamiento farmacológico de la EA no cura, pero sí retrasa el deterioro mental o progreso de la enfermedad entre 1 y 3 años. Su efecto es compensar el déficit en el funcionamiento neuronal. Mejoran los síntomas de memoria, movilidad y conducta sobre todo al principio, retrasando el deterioro. Además, es necesario el tratamiento que estimula mental y sensorialmente al enfermo (música, baile, juegos, terapia ocupacional…) para la mejoría del funcionamiento mental y de la conducta.

¿Qué hago si me toca cerca?

Para ir entrando en situación, propongo un ejercicio de empatía. Imagina que vives tan feliz y por la mañana tocan el timbre, te encuentras a un bebé, de días en la puerta y tú, que no has tenido ni hermanos ni primos, te tienes que hacer cargo, ¿qué harías? No, no, sin escapatoria, no puedes dejarlo a nadie ni costear un centro. No sabes ni lo que necesita ni cómo cargarlo, ni por qué narices no para de llorar… ¿Te estoy agobiando? Pues algo así es lo que siente un familiar cuando la demencia llama a su puerta.

Aunque si fue padre o madre, eso que lleva ganado en lo que se refiere al manejo de un ser dependiente, ahora es muy parecido, pero eso sí, al revés, en lugar de hacia delante vamos para atrás. Así como un niño gana en autonomía a medida que aprende, estos adultos dependientes pierden autonomía a medida que avanza la enfermedad. Pero en el aspecto cognitivo todo va a ser sorpresas, desandar lo andado es muy difícil cuando alguien que hemos tratado y con quien hemos convivido empieza a cortocircuitar. Además, el peso de un bebé es más llevadero, tu familiar con demencia puede pesar 50 con suerte o más de 90 Kg con menos suerte. Si no se aprende el manejo de estos pacientes, probablemente aparezcan lesiones en la espalda del cuidador en poco tiempo o no se haga correctamente y aparezcan úlceras en la piel del enfermo. Infórmate y pide ayuda.

¿Cómo puedo ayudar a quien padece Alzheimer?

Hasta que sea posible, pues la enfermedad avanza, creo que lo más importante es promover su autonomía, todo aquello que puedan seguir haciendo deben hacerlo. Ayudar no es hacerle las cosas.

EVITA EL AISLAMIENTO Y CONTROLA SU MEDICACIÓN

Revisar su vista y oído. Gafas, audífono, buena iluminación y lo que haga falta para no aislarse pues aumenta el riesgo de alucinaciones. También es importante que te asegures de controlar su medicación y que la tome como dice el doctor.

HAZ TODO MÁS SENCILLO PARA ÉL

Sé minimalista al máximo con todo lo que rodea a este enfermo, así ganará en autonomía y en seguridad. Si fraccionamos las tareas, como es vestirse, primero una prenda y una vez se la ponga darle otra, estamos facilitando que sea capaz de vestirse solo. Por otra parte es importante planificar y tener paciencia. Dejarle que haga todo lo que pueda, pero sin quitarle un ojo de encima para evitar accidentes.

Tambien es importante mantener las rutinas. Hacer lo mismo a la misma hora y respetando sus costumbres. Rotarlos de casa en casa es nefasto pues rompe sus rutinas y puede llegar a desencadenar confusión o delirios. Es importante motivarle mentalmente, con estos pacientes es literal que lo que no se usa se pierde, tanto a nivel físico como mental. Por eso es muy importante que también te asegures de que hacen ejercicio.

Nunca lo ignores, pero sin agobiarle

Por si alguien cree que ni sienten ni padecen, todo lo contrario, de las pocas cosas conservadas es la afectividad. Paciencia y mucho cariño. Hay que tener mucho cuidado con nuestras expresiones emocionales pues podemos herirles fácilmente o provocarles una crisis.

"Ese día yo estaba triste y aunque intentaba disimular, ella me puso la mano en el brazo como animándome. No digo que me entendiera, pero lo percibía perfectamente." (Hija de EA)

Lo que debes saber si cuidas a un paciente con Alzheimer

En cuanto a los cuidadores, su atención física y psicológica es prioritaria o se hunde el barco. El mayor coste es social, sobre todo el de la familia, su esfuerzo. Casi 50% de los familiares cuidadores padece depresión debido al estrés mantenido. Es importante que no te sientas culpable si es necesario ingresar a tu ser querido. Cuando presentan agitación, incontinencia, trastornos del sueño y problemas de conducta es necesario ingresarlos en residencias u hospitales de día y esto no debe suponer un drama o avergonzarse por ello como si abandonaras a tu familiar. Hay que verlo como algo necesario para su correcta atención.

Y ni que decir tiene que la automedicación aquí es muy peligrosa, lo que le sirve al padre de tu amigo o al de la habitación 205 puede acelerar la enfermedad de tu familiar, producirle un cuadro de ansiedad brutal o algo peor.

No pedir ayuda es un error pues acaba con tu salud e impide atender bien al enfermo. "Delegar" es el mantra del cuidador en la EA. Por último no te lo tomes personal, estos pacientes presentan alteraciones del comportamiento y no los podemos juzgar como si estuvieran en plenas facultades, pues resultarán todavía más difíciles de manejar. Son un síntoma más de la demencia.

Mención especial para los comportamientos sexuales inapropiados que, aunque no son de los más frecuentes, son las alteraciones de la conducta que mayor desasosiego producen en los cuidadores de pacientes demenciados. Son conductas tales como hacer comentarios sexuales explícitos, tocar pechos o genitales y mostrar genitales delante de otras personas, entre otras.

"Mi suegro se pasa el día diciéndome lo buena que estoy, me ha llegado a tocar el trasero y en la mesa se quita el zapato y se pone a hacerme piececitos y decirme obscenidades. Ya no aguanto más."
(Nuera de EA)

¿El alcohol me puede volver loco?

Puede que pasaras páginas buscando la respuesta a esta pregunta cuando se habló de adicciones. Pero siendo esta la sección de demencias vi más apropidado incluir aquí la respuesta. Y la respuesta es sí, la demencia alcohólica existe. No es de extrañar pues el efecto tóxico de una sola borrachera ya deja huella en nuestro cerebro.

"Una borrachera te cuesta 200.000 neuronas."
(R. González Maldonado, neurólogo)

Consumir alcohol abusivamente genera una escalera de daño cerebral progresivo hasta llegar al último peldaño que es la demencia alcohólica. Aun así, hay efectos reversibles, cosa que no ocurre en las demencias degenerativas como el Alzheimer, pero aproximadamente 25% no mejorará y necesitará cuidados permanentes.

Si te preocupa alguien que consume alcohol de manera cró- nica, atento a los siguientes comportamientos:

- Quejas visuales como ver doble o espasmos en el ojo

- Está de un humor que no hay quien lo aguante, tan pron to responde con ira como con una pasmosa indiferencia

- No recuerda hechos recientes

- Parece desorientado, perdido o confuso

- Le cuesta seguir lo que otros le dicen

- Repite lo mismo una y otra vez

- Es incapaz de aprender algo nuevo

- Camina de forma inestable y pierde el equilibrio

- Recuerda cosas que no han ocurrido (inventa)

- Se la juega conduciendo o corriendo otros riesgos

- No es consciente de sus alteraciones

- Sus relaciones laborales y sociales se deterioran

- No parecen importarle otras personas o sus sentimientos

- Es irrespetuoso, violento, e incluso miente

- Pierde el control a menudo

CUANDO TE
VUELVEN LOCO

PSICÓPATAS
INTEGRADOS

PSICÓPATAS INTEGRADOS

QUÉ ES UN PSICÓPATA

Hay un principio estoico que afirma: "Lo que importa no es lo que te sucede, sino cómo reaccionas a lo que te sucede", y aunque tiene mucha razón, no siempre es así. Al igual que un virus puede acabar contigo por muy fuerte que sea tu sistema inmune, hay personas que pueden dejarte mal herido emocionalmente o incluso destruirte. Desafortunadamente hay gente patógena muy virulenta en nuestra sociedad y mi intención al escribir sobre ellos es inmunizarte contra sus mañas y efectos. Si lo consigo será un gran logro, pero lo cierto es que es muy difícil verlos venir hasta que no se han instalado de alguna manera en tu vida. Me estoy refiriendo a los psicópatas integrados o a lo que JM Pozueco Romero llama "psicópatas de andar por casa".

La gente tiende a confundir psicópatas con psicóticos y es un gran error. Los psicóticos padecen una enfermedad o trastorno mental por el cual pierden el contacto con la realidad y las raras veces que pueden hacer daño a alguien se debe a su trastorno. No son conscientes y cuando saben que han podido hacer daño a alguien, sienten grandes remordimientos y culpabilidad. Por el contrario, los psicópatas son plenamente conscientes, saben que lo que hacen está mal pero les da igual, no sienten culpabilidad ni remordimientos, son plenamente responsables porque tienen su capacidad intelectual y la voluntad intactas. Saben el mal que hacen y quieren hacerlo, son personas que podríamos llamar malas, no enfermas.

La influencia cinematográfica ha facilitado la creencia de que los psicópatas son todos "asesinos en serie", como Hannibal Lecter en *El silencio de los inocentes* (*The Silence of the Lambs*) o Andrei Chikatilo también llamado "El carnicero de Rostov". Éste es un grupo muy pequeño de personas que por la crueldad y lo siniestro de sus actos han tenido una gran repercusión mediática.

De los psicópatas que más daño hacen, la mayoría no es detenida ya que no mata o comete un delito, pero tiene una estructura mental similar a la de los asesinos en serie. Aunque las cifras varían dependiendo del entorno en el que nos movamos, se calcula que en nuestra vida vamos a conocer aproximadamente alrededor de 60 psicópatas y se estima que son el 1% de la población.

Se les llama psicópatas integrados porque están perfectamente integrados en la sociedad. Son depredadores sociales de su propia especie que utilizan el encanto, la mentira, el chantaje y el miedo para manipular y controlar a los demás y así satisfacer sólo sus propias necesidades. Una característica clave es que carecen de toda conciencia, sentimiento de culpa y principios, se saltan todas las reglas sociales y normas para hacer lo que quieren sin el menor remordimiento porque no sienten emociones aunque se comportan como si las tuvieran.

Aunque se encuentran en todos los estratos sociales, al estar motivados por el poder, el prestigio, el control, el sexo y el reconocimiento social, se sienten más atraídos por el ámbito de la política, los puestos directivos en las grandes empresas o puestos clave en los medios de comunicación y artísticos. Son buenos oradores y muy moralistas, aunque luego no hacen lo que dicen que hay que hacer pues en realidad son completamente deshonestos. Con el auge de internet algunos se han llegado a convertir en guías espirituales, obteniendo el reconocimiento de miles de seguidores.

Las candidatas a sufrir el mayor daño de estos depredadores son las que se convierten en sus parejas. Esto se debe a que en el enamoramiento se idealiza fuertemente al otro haciendo que confíe más en su "psicópata" y le muestre más fácilmente todas sus vulnerabilidades. El resultado es la invasión de su sistema emocional en poco tiempo.

PERFIL DE UN PSICÓPATA INTEGRADO

Hay gente que se refiere a los psicópatas integrados como psicópatas narcisistas, pero no todos los narcisistas son psicópatas. Hay distintos grados y distintos tipos de narcisismo, la mayoría coincide en que tienen aires de grandeza, se creen merecedores de todo y son egocéntricos, pero al contrario que los psicópatas, tienen empatía y remordimientos cuando hacen algo que no está bien.

Lo que sí es cierto es que todos los psicópatas sí son narcisistas, a su incapacidad de empatizar, es decir, de ponerse en el lugar del otro y sentir lo que el otro siente, se añade su convicción de que son merecedores de todo y están por encima del resto.

Ahora es más fácil diagnosticar a un psicópata integrado gracias al PCL-R, Psychopathy Checklist-Revised, una herramienta creada por Robert Hare, el gran experto en psicópatas integrados. De todas formas, el factor determinante para identificarlos es la ausencia de sentimiento de culpa y remordimiento por sus actos amorales, importándoles tan sólo conseguir lo que quieren y salirse con la suya.

Habrás notado que casi no hay testimonios de mujeres psicópatas y que casi siempre me refiero a hombres, lo he hecho así porque la realidad es que la proporción de mujeres psicópatas integradas con respecto a hombres es menor. Unos dicen que es fruto de la socialización y otros que se debe a que la mayoría de los psicópatas tiene una relación muy fuerte con el poder y esto es un rasgo vinculado fuertemente con la testosterona, la cual además puede impactar en la falta de empatía.

Los psicópatas integrados conocen los valores y las reglas pero no les importa romperlas, ni defraudar, estafar o mentir. Tampoco merece la pena explicarles por qué está mal su comportamiento, literalmente es una pérdida de tiempo y aunque por su cara puedas pensar que te escuchan, realmente les entra por un oído y les sale por el otro.

Otro rasgo de los psicópatas integrados asociado al narcisismo es el enorme egocentrismo y una idea muy elevada de su propia imagen o valor. De verdad se creen merecedores de todo, quieren estar por encima de todos y ser el centro de admiración de todos, reclamando atención constantemente.

Lo que subyace en el fondo es una gran inseguridad y la necesidad de obtener de otras personas aquello que les falta a través de distintos recursos, como es la manipulación, el abuso, los insultos, el maltrato emocional, las mentiras o incluso estafas.

Una característica muy distintiva es que si no consiguen lo que quieren reaccionan con intensa rabia, incluso agresividad. Ésta es la única reacción emocional real de los psicópatas, el resto son fingidas y las llevan a cabo para provocar una reacción en los demás.

"Era impresionante, se puso casi a llorar diciendo que su madre se iba a morir de cáncer si no conseguía dinero, a los tres minutos estaba riéndose con unos amigos y esa misma noche salió a una celebración."
(Amiga de psicópata integrado)

Otra característica de los psicópatas es la gran importancia que le dan a su imagen, suelen ir impecables, cuidan el más mínimo detalle físico y una simple gota en su traje los puede desquiciar completamente y volverlos agresivos e irascibles.

Su lenguaje corporal tiende a mimetizarse con el ambiente que quieren parasitar, estudiará los gestos, la forma de mover las manos y observará con detenimiento cada pequeño detalle de tu lenguaje no verbal. Curiosamente un aspecto que resaltan muchas de las víctimas es la mirada de su psicópata integrado, afirmando que es entre penetrante y vacía.

Los psicópatas también son unos grandes mitómanos, tienen tendencia a contar grandes mentiras en las que introducen algunos aspectos de la realidad para dar mayor credibilidad. Aunque también pueden crear las mentiras más "ambiciosas", inventándoselas al 100%, es curioso que puedan mentir así sobre cosas verdaderamente importantes sin medir las consecuencias de ser descubiertos.

> *"Me dijo que tenía un hijo, me lo describió perfectamente. ¿Qué tipo de persona se inventa que tiene un hijo? Visto a la distancia, él nunca pensó en durar mucho conmigo y pensó que nunca lo iba a descubrir." (Exnovia de psicópata integrado)*

Cuando se obsesionan por alguien pueden llegar a crear una estrategia a largo plazo para sacar todo lo que quieren de esa persona. Lo puede conseguir con distintas estrategias, le pondrá trampas y buscará aliados, o mejor dicho marionetas, que le ayuden a crear conflictos y rumores para conseguir lo que quiere.

Otro rasgo de los psicópatas integrados es que son muy irresponsables, tienen una gran incapacidad para aceptar las consecuencias de sus actos. Si algo fracasa nunca va a ser por su culpa. Si se les agarra infraganti en una mentira, antes de aceptarlo lo primero que van a hacer es amenazar, enfadarse e incluso ponerse muy agresivos, y en última instancia, cuando ya se ha demostrado que mintieron, responsabilizarán a otros de su comportamiento o se victimizarán.

"Te fui infiel por tu culpa, me dejaste completamente olvidado, qué podía hacer yo." (Psicópata integrado)

Desgraciadamente cada vez hay más personas que acuden a psicólogos a causa del daño ocasionado por estas personas. Nos cuesta entender cómo puede haber gente que tenga esa indiferencia ante otros seres humanos. Ellos perciben el perdón como una debilidad de la gente idiota y aunque no lo suelen hacer, tampoco les importa pedir perdón y olvidarlo, si eso les permite seguir aprovechándose sin ningún tipo de remordimientos de su víctima.

"La mayor astucia del diablo es hacernos creer que no existe." (Baudelaire)

RASGOS DEL PSICÓPATA INTEGRADO

- Impulsividad, les cuesta controlar su conducta
- Saben que hacen mal
- Tú eres el culpable de todo
- Reacciones agresivas cuando las cosas no salen como planeaban
- Mirada característica
- Mitómanos
- Se creen merecedores de todo
- No tienen empatía
- Aires de grandiosidad y superioridad
- Impulsivos e histriónicos
- Dan gran importancia a su apariencia
- Carecen de remordimiento por hacer daño
- Disfrutan creando conflictos
- Seductores

El psicópata integrado en la familia

Cuando son los padres o hermanos

La experiencia de tener un psicópata integrado en la familia es muy distinta a la que siente alguien que lo conoce siendo su pareja o trabajando con él. Cada miembro de la familia va a tener una vivencia muy distinta con este tipo de personaje. Por ejemplo, si desde el principio el psicópata ve a un hermano como alguien que le quita la atención de su madre, probablemente le muestre pronto su "lado oscuro". Aunque la etiqueta de psicópata llegará más tarde, su hermano se dará cuenta de su naturaleza psicópata. Por otra parte, puede que la madre nunca lo desenmascare y lo vea como un hijo más especial. Incluso puede que el psicópata utilice a otro hermano como marioneta y lo manipule para atacar al hermano que envidia o que ve como una amenaza. Es probable que el hermano guarde una distancia extrema con el psicópata e incluso prefiera alejarse de la familia para evitar el contacto con él.

> "Desde niño supe que era frío y calculador, luego fui testigo de cómo se aprovechaba de sus conocidos, me daba mucha lástima conocer a sus nuevas parejas y amigos, sabía que iba a aplastar a los más buenos. Me tocó vivir sus amenazas, me rompió la nariz y le juró a mis padres que me caí. Ni mi madre ni mi hermano se querían dar cuenta, acabé aislándome de toda la familia." (Hermano de psicópata integrado)

En muchas ocasiones la madre, el padre o el hermano marioneta acaban convirtiéndose en las personas a las que el psicópata integrado siempre pide ayuda cuando se mete en problemas, pudiendo llevarlas a la ruina.

"Tardé años en ver su estrategia, reconozco que lo hizo muy bien. Consiguió enemistar a mis padres, y cuando se separaron, lo utilizó para aislar a mi madre y enfrentar al resto de los hermanos. Ahora vive de ella e incluso ha conseguido que vacíe las cuentas de mi padre, creo que las siguientes serán las suyas pero ella no se da cuenta, cree que la está ayudando."
(Hermana de psicópata integrado)

PADRES PSICÓPATAS INTEGRADOS

Si uno de los padres es un psicópata integrado y la pareja se da cuenta, probablemente intente divorciarse para distanciarlo de sus hijos con el fin de que no los dañe emocionalmente. Aunque ésa es la decisión acertada, el psicópata le va a poner todo tipo de trabas y trampas emocionales para seguir ejerciendo el control sobre su pareja a través de los hijos. Intentará chantajearlos, cuestionará la capacidad del otro para cuidarlos, presentará denuncias falsas e intentará quitarle la custodia. En aquellos casos en los que el psicópata la obtiene, ya que son muy hábiles para convencer, incluso a los jueces, cuando los hijos viven con él, no demuestra el más mínimo cariño. Salirse con la suya le sirve para alimentar su narcisismo y utilizarlo para mejorar su imagen de buen padre o que sus hijos sean los "testigos" de toda su grandeza.

"Recuerdo que nos hacía sentar frente a la televisión para verlo cantar en un vídeo musical. Una vez mi hermano le dijo que ya lo había visto muchas veces y empezó a gritar: ¿tan poco te interesa tu padre? ¿No estás orgulloso?" (Hijo de psicópata integrado)

La conducta del padre o madre psicópata integrado es siempre la misma, la total manipulación de las situaciones a su favor. Hablará mal de su niñez narrándosela a sus hijos como una historia de buenos y malos, relatará sus pequeños accidentes de niño como catástrofes. También se moverá entre polos muy opuestos, el victimismo, el chantaje emocional y la amenaza. Esto hace que muchos hijos con un padre o madre psicópata se vuelvan adultos profundamente sensibles, incluso con un exceso de empatía, al tratar constantemente de descifrar por qué su padre reacciona así. Lo peor es que si no son desenmascarados, van a seguir interfiriendo en la vida de sus hijos y en la relación con su pareja.

"Me dijo que mi novia lo acosaba y que había intentado besarlo, yo reaccioné muy mal. Ella me dijo que era mi padre el que la acosaba desde el principio y que no me lo había contado porque me iba hacer daño. Mi madre me dijo: el culpable fue tu padre, a mí me enemistó con todas mis amigas, no hagas tú lo mismo. A mis 20 años entendí por qué mi madre quiso que estudiara fuera de casa." (Hijo de padre psicópata)

Algunos hijos de psicópatas integrados, cuando son adultos, se vuelven extremadamente vulnerables a padecer desórdenes emocionales o a caer fácilmente en las garras de otro psicópata integrado, sobre todo si nunca supieron que su padre o madre lo fue. Para ellos la forma de reaccionar del psicópata es lo normal, por eso algunos acaban con una pareja similar. De una manera inconsciente es "darse la oportunidad" de probarse a sí mismos que el amor incondicional que no consiguieron de sus padres lo conseguirán con esa pareja. Esta forma de pensar los lleva a buscar siempre el mismo perfil de pareja que probablemente les cause el mismo dolor que su padre o madre.

> "Busqué a alguien parecido a mi padre. Un manipulador nato que iba de víctima si no hacía lo que él quería, que necesitaba ser el centro de atención constante, que mentía compulsivamente, se enfadaba como él cuando lo descubrían en una mentira y tras acabar arruinada y tocar fondo acabé en terapia. Mi psicólogo me dijo: tú saliste de uno para acabar con otro. A la edad de 30 años me di cuenta de que mi padre era un psicópata." (Hija de psicópata integrado)

Muchas personas, cuando descubren que su padre o madre es psicópata integrado, tienen una mezcla de sentimientos de rabia y tristeza, aunque también de liberación al saber que el problema no lo tenían ellas.

> "Todas esas veces que me decía que yo mentía, o que robaba en casa de mi abuela, o cuando yo lo defendí a él mientras le decía a mi madre que no nos quería, ella sólo callaba con tal de que yo no sufriera. Le pedí perdón a mi madre y ella me dijo: tú fuiste una víctima mi niño." (Hijo de psicópata integrado)

Es necesario marcar las distancias, aplicar un filtro a todo lo que dicen, alejar a tus amistades de su alcance, cuanto más lejos mejor y evitar que sus nietos tengan el mínimo contacto, ya que los niños son altamente vulnerables a este tipo de personas.

"Aunque mi madre era un tanto difícil, pensaba que nos llevábamos bien a pesar de las diferencias. Así me lo había hecho pensar. Yo había buscado explicación a todas las cosas extrañas que venía observando durante años, la loca era yo, claro, pero un día me hizo una llamada sin querer con el celular y durante una hora escuche cómo hablaba mal de mí con su amiga. Mi propia madre contaba mentiras y se ponía en un papel de víctima totalmente falso. Fue muy duro, pero fue entonces cuando empecé a entenderlo todo." (Hija de psicópata integrada)

Un abuelo psicópata, a través de la manipulación o victimización, puede engañar muy fácilmente a su nieto hasta el punto de que su influencia sea tan grande que acabe incluso poniéndolo en contra de sus padres.

"Tras separarse y en trámites de divorcio iniciados por ella, hubo un evento familiar al que decidió presentarse. Se sentó como quien no quiere la cosa al lado de una amiga mía que le acababa de presentar y empezó a hablar mal de mi padre y a contarle mentiras que la dejaban como la pobre víctima abandonada y abusada. Cuando me enteré y se lo recriminé lo negó todo y me trató de loca." (Hija de psicópata integrada)

Tener un padre o madre psicópata es especialmente duro y doloroso, porque para la inmensa mayoría su amor es incuestionable y la sensación que tienen los hijos de incomprensión es aplastante. Cuando se lo comentan a alguien, la incredulidad lleva a muchos a juzgarlo como mal hijo, llevándolo a aislarse aún más.

Para ponerle un tinte positivo, en este caso concreto, pienso que es peor no ser consciente de la realidad pues eso impide neutralizar los efectos demoledores de un padre psicópata. Además te librará de remordimientos por haberte atribuido erróneamente culpas y responsabilidades que no eran tuyas. Saber que estabas en lo cierto al haber pensado mal de tu padre o madre aunque duela te proporciona a un gran alivio.

> "Lo que más me dolió no fue que no quisiera a su nieta y no le hiciera caso, pues no era capaz ni de descolgar el teléfono para llamarla. Lo que más me dolió fue enterarme de que iba diciendo que yo no la dejaba verla y que estaba asesorándose con abogados para ejercer sus derechos de abuela, que ¡cómo iba a denunciar a su propia hija! Con eso mataba dos pájaros de un tiro, se la quitaba de encima y justificaba por qué no la veía y conseguía una vez más ser la víctima que todos consolaban. Ese día decidí que tenía razón, lo mejor era que no se acercara a su nieta, me daba miedo." (Hija de psicópata integrada)

Probablemente al leer esto hayas identificado a gente de tu alrededor como psicópata integrada, pero ten mucho cuidado al hacerlo, pues la mayoría tenemos algún rasgo de narcisismo, mentimos alguna vez o utilizamos habilidades sociales para manejar a otros.

La clave está en el grado, y sobre todo en la falta de empatía, los psicópatas conocen las reglas sociales, saben que lo que hacen está mal pero no tienen ningún remordimiento en acabar contigo emocional, social o financieramente, si con ello se salen con la suya.

Cuando tu pareja es un psicópata integrado

Tener una pareja así puede ser una de las cosas más devastadoras que te pueda pasar en la vida. Finalizará la relación ya sea porque lo descubras, acabe contigo o te vuelva loca.

"Nos conocimos y todo era maravilloso, coincidíamos en los mismos gustos, todo el rato nos moríamos de la risa, me dijo cosas que ningún otro hombre me había dicho antes, yo era su centro de atención, me hacía sentir tan especial, me escribía constantemente, me iba a buscar a todos lados, él no pagaba, pero porque estaba desarrollando grandes inversiones. Insistió en que nos fuéramos a vivir juntos y a los tres meses así lo hicimos, yo cubría la mayor parte de los gastos.
Como es de esperar en un hombre tan atractivo como él, sus ex no dejaban de acosarlo, yo nunca fui celosa pero acabé siéndolo porque esas malditas no le quitaban el ojo. Pero no sólo eran las mujeres, también los hombres lo acosaban constantemente. Empezó a cambiar y se volvió terriblemente posesivo, me llamaba todo el tiempo y si no contestaba, era porque según él yo estaba coqueteando con alguien, me empezaba a estresar mucho el no poder contestar a tiempo, pues mi teléfono muchas veces estaba en el bolso. Al no hacerlo, él dejó de responder a mis llamadas y me empezó a generar mucha inseguridad. Tú tienes la culpa, decía, si no contestas mis llamadas tienes algo

que ocultar. Yo estaba enamoradísima de él y él cada vez menos de mí, yo me sentía gorda y me comparaba constantemente con lo atractiva que era su ex. Yo no era suficiente en comparación con ella e hiciera lo que hiciera, yo era una egoísta porque no estaba dispuesta a dar mi carrera por apoyar la suya y darle hijos. Mis inseguridades aumentaban porque seguía habiendo mujeres y todo el rato me hablaba de lo mucho que lo acosaban. A la vez me tenía aterrorizada porque hasta irme a comer con mis amigas era ir a buscar hombres, acabé aislándome, pagando sus cuentas y cancelando ofertas de trabajo. Organicé unas vacaciones y esa noche en el hotel me pidió que le enseñara mi teléfono, le dije que no y me acusó de que todavía estaba con mi ex. Me golpeó, me tiró el teléfono y empezó a gritar, luego se calmó y en ese momento tomó el teléfono de la habitación y llamó a recepción diciendo que alguien estaba dando gritos en el pasillo y que no podía dormir. En ese momento me di cuenta de que había que tener mucha sangre fría y ser una persona muy calculadora para protegerse de los gritos que él mismo había causado. Empecé a sospechar y a preguntar sobre él. Cuando se lo conté a una amiga, me dijo que pensaba que ya no estábamos juntos porque él andaba con una abogada. Cuando lo enfrenté se puso agresivo y dijo: la culpa la tienen tus amigos que te envidian. Me sentí fatal, quizá yo era la loca. A la semana siguiente lo vi besándose con ella, el dolor fue inmenso, de la noche a la mañana me sacó de su vida. Me sentí vacía, aislada, fui al psiquiatra y cuando le conté la historia me dijo: lo conozco; tuviste suerte de descubrirlo y que te dejara antes de que acabara contigo, intentará volver cuando necesite algo de ti y sus mentiras seguirán funcionando hasta que tú te canses. Funcionaron varias veces. Hace 7 meses me llamó y dijo que quería volver conmigo, se había dado cuenta de que nadie lo había amado tanto como yo. Se lo agradecí pero ya no quería, hasta me alejé de aquellos amigos que tenían contacto con él. Ya hice mi terapia, pasé mi duelo y no quiero saber nada más de él." (Expareja de psicópata integrado).

Fases de la relación con un psicópata integrado (PI)

Aunque cada psicópata te puede crear una experiencia única, muchos coinciden en su *modus operandi* que es el siguiente:

FASE DE BOMBARDEO AMOROSO

En esta fase el objetivo del psicópata es darte todo lo que sea necesario para que te enamores ciegamente de él y te entregues sin reparos. En un primer momento tu psicópata integrado es un torrente de halagos, ha analizado perfectamente lo que quieres oír y resaltará de una manera positiva aquello de lo que estás insegura o inseguro; por ejemplo, si la inseguridad es física, va a verte como nadie te ha visto nunca, si te acompleja tu peso pasará la mano por tus caderas y te dirá que tus curvas son deliciosa, y te mirará con tanta convicción que tú te acabarás convenciendo de algo que cinco años de terapia no consiguieron.

> *"No me decía que lo bonito eran mis ojos verdes como todo el mundo, él me hizo amar mi cuerpo, me hizo sentir como una diosa, no creo que a nadie nunca más le guste así. Aunque según mi psicólogo todo lo que me dijo no lo creía y lo decía para enamorarme."*
> (Pareja de PI)

Si tienes complejo con una parte de tu rostro te dirá que es precisamente lo que más le gusta, te dirá cosas que nadie te ha dicho y te hará sentir increíblemente segura y

CICLO DEL AMOR CON UN PSICÓPATA INTEGRADO

BOMBARDEO AMOROSO

- Halagos
- Relaciones sexuales muy placenteras
- Te presta constante atención
- Es tu alma gemela

DENIGRACIÓN DESESTABILIZACIÓN

- Critica tu apariencia
- Triangulación
- Comparaciones constantes
- Empiezas a desconfiar al grado de espiarlo
- Te crea celos
- Te hace creer que estás loca

DESCARTE

- Estará saliendo o seduciendo a otra persona
- Desaparecerá sin dar explicaciones
- Te culpará de la ruptura
- Se victimizará ante el resto
- ¡Cuidado, regresará si quiere algo!

plena, e incluso empezarás a creer en el príncipe azul de los cuentos.

También se vuelve tu alma gemela, cuando le hables de tu pasado, te contará que él padeció bullying igual que tú, si tuviste problemas con un hermano él también los tendrá, te entiende en todo. Y no es que te entienda, es que te analiza, te copia y se mimetiza contigo. El psicópata tiene una gran capacidad de observar y adaptarse a cualquier ambiente y a cualquier persona. Por eso va a coincidir también en tus gustos, si te gusta el cine, te invita al cine, o si te gusta el mar, a viajar a la playa. Encontrar a alguien tan afín a ti es tan maravilloso que obviamente pronto viven juntos.

También juega mucho a causar lástima, te cuenta la historia de toda la gente que le ha fallado en la vida, los episodios en que se han aprovechado de él y también te contará todas sus dolencias y enfermedades. Normalmente habla muy mal de algunos miembros de su familia hasta tal punto que los puedes llegar a odiar sin conocerlos. Y si a alguien vas a odiar, será a sus exparejas locas precisamente porque son las antiguas víctimas. Te hará pensar que todas padecían de celos o eran maniáticas, en palabras suyas te dirá que se siente acosado por sus ex, y no dudes que seguro sigue manteniendo una vela encendida aunque sólo sea para que le llegue algún mensaje y aprovechar para enseñártelo.

Por último, es muy normal que haya tenido una historia de enfermedades y accidentes que nunca te pueda demostrar pero que a ti te toquen el corazón y quieras cuidar, aún más, a ese príncipe maravilloso. En esta fase de bombardeo amoroso el objetivo es acabar con todas tus resistencias a entregarte a una pareja "ideal".

"No se puede comparar a ninguna relación que haya tenido en el pasado, nadie me hizo sentir tan especial ni tuve tanta ilusión, todo era perfecto y al parecer, por lo que me dijo el psiquiatra, fingido." (Pareja de PI)

Por otra parte, las relaciones sexuales y emocionales son muy intensas. Si cuando te enamoras de alguien normal vuelas a la luna, con este tipo de personas te transportas a otras galaxias, vives una intensidad emocional tal, que el bombardeo amoroso surte su efecto y quedas rendido ante tu psicópata.

"La verdad es que no me interesé por sus anteriores relaciones, no me interesé por saber de dónde sacaba el dinero, si no trabajaba, no me interesé por las verdaderas razones de romper con el resto de su familia y ser el caballero andante de su madre. Estaba ciega, tanto, que dejé que utilizara mis conocimientos bancarios para sus propios fines, creí que todo era como lo contaba y llegué a perjudicar al resto de su familia, a la que ni conocía, y que eran tan víctimas como yo." (Pareja de PI)

FASE DE DENIGRACIÓN Y DESESTABILIZACIÓN
Los psicópatas lo tienen claro: no hay nada más doloroso que quitarte algo que has amado de verdad y sobre todo que te ha amado tal como tú eres.

En esta fase, el psicópata va a desestabilizarte haciéndote sentir que lo puedes perder y lo va a hacer por tres flancos; uno va a ser bajar tu autoestima, otro es subir la percepción que tienes de él y por último, creará triángulos amorosos. En la fase de desestabilización va a empezar gradualmente a atacar aquellos complejos y vulnerabilidades que le confesaste tener y que él amaba, pero que ahora, primero de una manera sutil y luego fastidiosa, te los va recordar constantemente para provocarte cada vez más inseguridad. Como le da mucha importancia a la apariencia física se obsesionará con varios aspectos de tu cuerpo.

"Sabía que había tenido un trastorno de la alimentación. Al principio me hablaba sutilmente de mi peso y de los hoyitos que tenía en la cara que yo tanto odiaba. Después era constante y decía cosas como no sonrías tanto, te salen los hoyitos y te hace la cara más gorda. Me empecé a llenar de inseguridades."
(Pareja de PI)

También empieza a hacer comentarios relacionados con tu entorno familiar y valores. La clave es hacer sentir menos a la otra persona y tomar una posición de superioridad en todos los ámbitos; a la vez empiezan a hablar como si no tuvieran filtros.

"Aunque tus padres sean de otro código postal y estén divorciados, intenta que hagan el esfuerzo y que vistan a la altura de los míos." (PI)

Durante esta fase empieza una etapa muy perturbadora que es la triangulación, en la que te vuelves completamente insegura y entras en un estado obsesivo. Tu psicópata integrado empezará a introducir a otras personas, reales o ficticias, con el fin de crear celos. Muchas de las veces es él quien contacta a su ex, otras veces es él quien coquetea con otras para conseguir tu reacción asegurándose de que tú estás al corriente. Por ejemplo, dejando mensajes sutiles a otras personas en sus redes para que tu inseguridad aumente.

"Nunca fui celosa, pero me vi espiando en sus redes, mirando de reojo cada llamada que le llegaba, incluso entrando en su Facebook bajo un nombre falso. Estaba irreconocible." (Expareja de PI)

En ese momento comienzas a obsesionarte con estas personas, hasta el punto en que empiezan los celos y la búsqueda de pruebas de infidelidad, en el teléfono, en sus redes o en su casa. A veces dejará pruebas a propósito y otras lo descubrirás tú, porque raramente es fiel a una sola persona, manejando incluso un nivel de promiscuidad muy alto.

"Sabía que había alguien, demasiadas mujeres escribiéndole, fue al baño y aproveché para poner mi dedo sobre el teléfono para que no se bloqueara...: yo también te amo, nos vemos mañana." (Pareja de PI)

Luego pasará a ejercer el control constante, querrá que le contestes de inmediato el teléfono, que le reportes constantemente lo que haces y creará conflictos de cosas insignificantes que cada vez te irán desequilibrando más.

A los psicópatas integrados les divierte crear problemas y ejercer daño a través de situaciones que ellos han inventado. Disfrutan propiciando enfrentamientos entre su ex-pareja y su pareja, no hay mayor golpe de narcisismo que observar a dos mujeres "luchando" por él.

> *"Yo ya me había casado y estaba embarazada de tres meses. Me llamó después de un año de no saber nada de él para contarme que su nueva pareja estaba muy celosa de mí. A las dos semanas lo vi con la novia en el restaurante al lado de mi casa, en el que yo como todos los días. Ella me gritó: ¡Loca, déjalo ya en paz! Le había dicho que yo seguía enamorada de él y que quería hacerles daño."* (Expareja de PI)

FASE DEL DESCARTE

Por otra parte, te hace sentir que todo lo que haces nunca es suficiente, cuestionándote si de verdad lo amas, cada vez quiere más, es insaciable pero aunque ya no eres feliz con él, tienes un gran miedo a perderlo.

> *"Me pedía que le pasara una bolsa y cuando se la daba, me regañaba por pasarle la bolsa equivocada aunque no me había dicho cuál. Me gritaba y decía: Si me amaras de verdad sabrías a qué bolsa me refiero."* (Marido de PI)

Aunque te desacredite, maltrate e incluso aceptes su justificación de infidelidad y te autoculpes, te llevará al límite pero no te dejará ir.

Es muy difícil deshacerse de este tipo de personas. Le gusta ejercer el control como el gato que juguetea con el ratón, hará cosas muy dolorosas y luego te llamará y suplicará para que vuelvas con él. Sabe que prácticamente has perdido el control sobre tu vida y tu autoestima, por lo que aunque quieras escapar te lo pondrá muy difícil.

Él va ser quien decida cuando va a acabar la relación y será cuando ya no le sirvas. En ese momento, de la noche a la mañana te dejará de llamar y ya estará con otra persona, aunque no lo creas, es lo mejor que te puede pasar. Sácalo de tu vida para siempre, aunque la probabilidad de que vuelva a llamar es alta, no le contestes nunca más y pide ayuda psicológica inmediata.

¿Por qué razones puede estar contigo?

Una de las cosas que más cuesta descubrir a la víctima de un psicópata integrado es entender las razones que lo llevaron a elegirla como "presa" y aunque no sirva de consuelo, normalmente van por alguien que tenga un talento especial, alguien sobresaliente, pues son parásitos sociales y quieren sacar la sangre de los mejores. Éstas son las razones por las que un psicópata integrado puede estar interesado por ti.

IMAGEN FAMILIAR

A veces lo que les atrae es el estatus o una posición social. Es común que muchos hombres que buscan el reconocimiento social y una imagen perfecta quieran tener una familia perfecta. Le suelen dar mucha importancia a lo que sus padres piensan de la pareja y casi sin apenas conocerla ya se la han presentado. En público mostrará una cara muy distinta a la que muestra en la intimidad, ante la familia se desvivirá en atenciones hacia su pareja mientras que en privado después de la fase de bombardeo amoroso la ignorará.

> "Me culpaba de que había engordado y me comparaba con otras mujeres. Evitaba todo gesto afectivo, era como si no existiera en casa, pero cuando salíamos a comer con sus colegas del trabajo o sus padres, se comportaba como el padre ideal, nos decía cosas cariñosas a mí y a mis hijos, incluso me daba besos en público cuando en casa no me quería ni tocar. Ahora que lo pienso, salvo al principio de la relación, apenas si tuvimos relaciones íntimas. Ahora ya lo entiendo, se había acostado con casi todos sus amigos." (Esposa de PI)

TU TALENTO

Muchos psicópatas integrados tienen una ambición profesional muy alta pero poco talento o pocas ganas de trabajar. Si su pareja tiene un gran talento, saben que les construirá el negocio sin necesidad de hacer mucho o les catapultará su carrera como político o personaje mediático.

> "Queríamos construir algo juntos, él decía que era la cara de la empresa y yo le hice el plan de negocios, le abrí la empresa, traje a los clientes. Me extrañaba que se comprometía con cosas que eran imposibles

o firmaba contratos que no se podían cumplir. Nos pusieron una demanda, me culpó de todo, se buscó un socio y a la semana se había ido de casa y ya tenía pareja." (Pareja de PI)

SEXO

A veces simplemente quieren tener sexo fácilmente disponible. Más allá de que muchos tengan una actividad sexual promiscua, les encanta saber que hay una persona a la que tienen controlada a través del placer y que ellos son el centro de sus deseos sexuales. Les encanta sentirse deseados y que alguien los adore ciegamente, es raro que sean fieles y pueden mantener relaciones con varias personas siendo muy común que sean bisexuales o que al menos coquetean con los dos sexos con el objetivo de sentirse aún más el centro de atención. O en los casos en que sean homosexuales y sientan profundo rechazo a serlo, encuentren a alguien que reafirme su imagen de "macho heterosexual".

"Con el tiempo me di cuenta de que estaba conmigo porque era gay pero yo era con la úncia mujer que disfrutaba tener relaciones sexuales. Eso le servía para no aceptar su orientación sexual. Me extrañó mucho cuando me preguntó: ¿a cuántas de tus amigas les has dicho que te doy un sexo increíble?" (Ex de PI)

DINERO

Muchos tienen vida parasitaria, no hay nada mejor que casarse con alguien que ya tenga dinero, eso les dará la posibilidad de vivir con el lujo que ellos se merecen sin tener que trabajar y poco a poco apropiarse de la fortuna de su pareja.

"Me dejó por una mujer que lo invitaba en su avión privado, así me lo dijo, ¡no lo podía creer!" (Expareja de PI)

ESTATUS

Los psicópatas son trepadores sociales, saben que es importante subir en la escala social para conseguir más. Van a frecuentar ambientes elitistas para cazar así a su presa y lo van a hacer de una manera poco obvia, van a conseguir que su pareja les insista en casarse o en irse a vivir con ellos. Todas las advertencias que puedan recibir sobre este tipo de gente son en vano, son verdaderos encantadores de serpientes.

"No me aceptaba nada, nunca quiso ir en el avión privado. A los dos años, cuando ya estábamos casados, invitaba a todos sus amigos a la playa en nuestro avión, organizaba fiestas en la casa de Acapulco, las infidelidades eran constantes. Fue tener mi primer hijo y me pidió el divorcio, eso sí, consiguió convencer a todos mis amigos de que yo era la bruja. Acaba de abrir un negocio con mi mejor amigo, no sé como lo convenció, me imagino que de la misma manera que lo hizo conmigo." (Exesposa de PI)

Tu círculo afectivo y laboral

El psicópata va a intentar robar el núcleo afectivo de las personas, recuerda que él no las ve como seres humanos sino como instrumentos que le pueden proporcionar lo que quiere. Puede que le guste tu círculo de amistades y se vea él siendo el centro de su atención o yendo a celebraciones y siendo alabado por ellos. La persona que lo vive siente que el psicópata le quiere, literalmente, "robar su vida".

"Los domingos hago barbacoas con mis amigos. Ese domingo llamó a mis amigos y se fue con ellos, cuando le preguntaron mis amigos donde estaba yo, dijo que no había querido ir. Él nunca me contó nada, me enteré por las fotos de Facebook." (Pareja de PI)

¿Qué hacer si entra un psicópata narcisista en tu vida?

Robert Hare lo dice de una manera muy clara: "Corre", y aunque no siempre se puede seguir al pie de la letra esta recomendación, lo mejor es que te alejes de él. Intentar probarle que ha hecho algo mal o que se ha equivocado es en parte darle placer y le encanta saber que ha dejado mutilado a alguien que era admirado por la gente. Seguir insistiendo en que lo que están haciendo está mal es prolongar esa dinámica enfermiza que te enfermará a ti aún más.

Lo más importante es entender y sobre todo, aceptar que nunca hubo relación de pareja como tal, fue un plan premeditado de la otra persona para conseguir lo que quería de ti.

Eso no quiere decir que en ese momento no se lo pasaran bien o disfrutaran haciendo un viaje, viendo una película o trabajando juntos, pero todo se hacía con el propósito de conseguir aquello que buscaba en ti. Aceptar que ni el principio de la relación fue real, que todas sus declaraciones de amor y halagos en la fase de bombardeo tenían el único objetivo de establecer un fuerte vínculo con su víctima es duro, pero necesario. En definitiva: él no está disfrutando contigo, está disfrutando de la experiencia que tú le has dado gracias a "su plan".

El psicópata integrado en el trabajo

Uno de los "habitats" donde hay un mayor número de psicópatas integrados es el de las corporaciones, curiosamente también los denominan psicópatas con éxito.

Clive Body, un experto en la materia, cree que parte de la crisis global que sufrió el sistema financiero fue causada por psicópatas integrados. Éstos llegaron rápidamente a lo más alto de las corporaciones y no les importó usar a quien fuera ni tomar riesgos o decisiones completamente inhumanas para conseguir el puesto y el control que necesitaban para, una vez llegado a lo más alto, cometer su fraude a gran escala. Son expertos en esparcir rumores, mentir y usar su imagen para seducir. Pueden mentir sobre el valor de las acciones o comprar todas las que quieran, venderlas al precio más alto e irse del banco o de la compañía cuando ya está en bancarrota.

Un ejemplo claro de esto es el descrito por Clive Body, se enteró de que algunos de los grandes bancos estaban utilizando los rasgos que aparecían en el cuestionario de Robert Hare para diagnosticar una psicopatía como criterio de selección de sus empleados. En teoría el tipo de persona que querían reclutar era gente agresiva, competitiva y de mente fría para acabar con la competencia.

El ejemplo más claro es Bernard Madoff, su fraude alcanzó los 64 millones de dólares, llevó a la ruina a los bancos, dejó en la quiebra a miles de jubilados, acabó con los ahorros de millones de personas y cientos se suicidaron. Fue condenado a 150 años de prisión. Un hombre tan admirable, tan pulcro, es uno de los grandes ejemplos de psicópatas integrados también llamados psicópatas con éxito.

Dependiendo del grado de psicopatía, su inteligencia, preparación y en el ambiente en que se muevan, así será el alcance de su daño. Si la persona viene de un entorno de gran poder adquisitivo, estudia una carrera en una gran universidad y se codea con la gente influyente, la probabilidad de que acabe siendo director de una gran multinacional o presidente de un país es muy alta. Si es nivel medio puede llegar a ser ese director/a de área que le hace la vida imposible a todos los que le reportan. Si su nivel social y económico es más humilde, puede acabar como cabeza de una red criminal.

Las estrategias son muy variadas y se adaptan a la persona desde dos extremos, el de la seducción o adulación, y el del miedo o la amenaza.

PERFIL DEL PSICÓPATA INTEGRADO EN EL TRABAJO

- Cuando se quiere deshacer de alguien puede buscar "marionetas" que lo hagan por él.

- Se apodera de las ideas de otros.

- Tiene una comunicación persuasiva y apariencia impecable.

- Se encarga de difundir rumores o utilizar a otros para que lo hagan.

- Utiliza la amenaza, chantajea o miente para conseguir lo que quiere.

- Manipula las situaciónes para evitar alianzas y ser el centro de atención.

- Te da a entender que está en contacto con los "altos mandos" de la empresa.

- No siente culpa ni remordimiento de eliminar a quien sea necesario para conseguir el puesto que necesita o su objetivo.

> *"Me fui a tomar unas cervezas con él, era mi jefe,*
> *luego me llevó a un table dance, no me explicó cómo*
> *acabé allí, lo cierto es que me estuvo amenazando*
> *durante 6 meses con decírselo a mi esposa. Despedí*
> *a gente en su nombre con tal de que no hablara."*
> *(Empleado de psicópata integrado)*

Antes de ejecutar su plan lo piensan estratégicamente, consiguen nombres, hacen llamadas y ahora incluso estudian muy bien las redes sociales de aquella persona de la que quieren conseguir algo. Son tan buenos mintiendo y fluyen tan bien en el ambiente de trabajo, que nadie se puede imaginar que no se hayan ganado el puesto que tienen.

> *"Dijo que era el primo del vicepresidente y nadie*
> *lo cuestionó, tenía un gran coche, hablaba con*
> *una seguridad extraordinaria, conseguía todos*
> *los contactos y nombres a través de las secretarias*
> *a las que seducía. A los 7 meses ya estaba*
> *produciendo una serie, había engañado a todo el*
> *mundo para hacer la producción de un programa*
> *piloto gratis. Tristemente ahora es un productor*
> *muy reconocido." (Compañera de trabajo de*
> *psicópata integrado)*

En muchos casos se rodean de un grupo que actúa como sus marionetas, los manipulan a su antojo consiguiendo que despidan a gente por ellos, que desacrediten a otros colegas o incluso que hostiguen o acosen a aquella persona que el psicópata tiene como víctima.

"Si él se reía de sus ideas todos nos reíamos, incluso soltábamos comentarios con el fin de conseguir su aprobación, y si algo no salía bien, nos hacía entender que era por culpa de ella. Nos mintió y nos convenció de que ella no estaba al nivel del resto del equipo. Al final se fue, bueno, la echamos entre todos y ahora ella es una de las grandes publicistas del país". (Empleada de psicópata integrado)

No hay que confundir a un psicópata con una persona que es oportunista, perezosa o ambiciosa, ya que ésta al final tiene un freno, algo que le hace tener remordimientos y el daño que causa es mucho más limitado.

Tampoco todos los psicópatas son iguales y si aplicara la escala de Robert Hare, puntuarían distinto en nivel de psicopatía y consecuentemente, en el daño que te pueden causar.

Qué hacer cuando está en tu trabajo

Al contrario de lo que ocurre en el ámbito de pareja o en el familiar, en los que establecer límites es más difícil, en el ámbito laboral sí puedes sacarlo de tu vida sin pagar un precio demasiado alto, a no se ser que te hiciera cómplice de alguno de sus fraudes. Y digo no demasiado alto, porque en casos extremos la solución puede llegar a ser que tengas que despedirte de tu trabajo. Sentirás que el "malo de la película ha ganado", después de todo lo que has luchado para conseguir ese empleo se salió con la suya.

"Mi jefe sabía lo mucho que significaba mi trabajo para mí. Yo hacía todo lo que me pedía, me quedaba hasta las 8 de la noche, yo le escribía todas las propuestas que necesitaba y hasta le organizaba sus viajes personales. Tras acabar la carrera, pasé por muchos exámenes para entrar en esa empresa, fui testigo de acosos y no dije nada, era la oportunidad de mi vida, hasta la vez que me encerró en su oficina y me empezó a besar, esa vez decidí no volver."
(Empleada de psicópata integrado)

No siempre se llega a casos extremos porque muchos psicópatas buscan víctimas manipulables y sólo si te ven como su competencia directa, si sabes poner límites, buscarán a otra persona de la cual aprovecharse.

El psicópata busca tus vulnerabilidades, por ejemplo, si sabe que sientes que no tienes opciones laborales o que ves tu puesto como el trabajo de tu vida, te amenazará con quitártelo, si sabe que quieres un ascenso te chantajeará con promoverte, si eres inseguro o perfeccionista, le pondrá trabas a tu trabajo del tipo: "Está bien pero…", si sabe que te gusta el halago y el reconocimiento, inicialmente te adulará en público para un día regañarte públicamente y empezar con la manipulación.

"Al principio siempre le encantaba mi trabajo, yo estaba feliz con mi nueva jefa, me alababa delante de todo el mundo, pero empezó con pequeñas críticas, luego grandes, y al final decidió cortar toda comunicación directa conmigo." (Testimonio de víctima de acoso laboral)

Sepas o no sepas que tu colega o jefe es un psicópata integrado, ya has reconocido que te quiere hacer la vida más difícil y si eres la única persona que ha descubierto quién es verdaderamente, va a ser difícil demostrarlo, especialmente cuando tiene completamente engañados a los mandos superiores y el apoyo es incondicional.

Si sabes que esa persona te va a hacer la vida imposible, ya sea porque te ve como una amenaza o bien porque ya no puede conseguir lo que quiere, tienes dos opciones: una es enfrentarlo, pero debes saber que esta clase de gente es experta en el juego sucio, no tienen ningún tipo de ética ni remordimiento, y aunque le ganes, seguramente acabarás haciendo cosas que están en contra de tus valores.

> "Yo sabía que mi jefa estaba cometiendo un fraude y se lo dije. Como venganza puso cámaras en mi oficina, sólo vio que hablaba con mi madre en horas de trabajo y por eso me despidieron. Dos años después descubrieron lo que hacía y me llamaron de regreso. Estoy convencida de que despidieron a mi jefa cuando ya no les sirvió. Yo ya estaba haciendo lo que me gusta con la gente que me gusta, nunca más volvería." (Víctima de una jefa PI)

La otra opción es planear una estrategia para salir de la empresa en tus propios términos. Tómate tu tiempo en buscar dónde te gustaría trabjar y crea una estrategia, esto te permitirá ser más paciente y no perder los nervios con tu psicópata.

Es importante que no sepa lo que piensas, guarda las distancias pero siendo siempre cordial y ten mucho cuidado con contarle a tus colegas tus planes o lo que piensas de él, pues en ocasiones ya tiene a todos manipulados. Deja toda tu comunicación por escrito, no le contestes en horas que no son de trabajo y quítale todo el acceso que puedas a la mayor parte de tu vida, si es posible, que no sepa ni dónde comes, les encanta el control.

> *"Desde que lo puse en su silla fue por la mía, nos acosó a mí y a mi equipo, esperaba que tirara la toalla y me fuera, así sin más. No le di el gusto, tenía claro que no podía seguir allí y forcé el despido improcedente para al menos no renunciar a mis derechos." (Víctima de acoso laboral)*

Cuando por fin hayas encontrado el trabajo en el ambiente laboral que quieres, te puedes marchar de dos maneras: una es explicando a tus superiores las razones de tu partida, siempre asegurándote de que son los suficientemente éticos para guardar la confidencialidad y otra, sin darles explicaciones. Si no les interesó tener una reunión de despedida, cierra la puerta con llave al psicópata y también a la empresa que los hace más grandes.

¿Se puede hacer justicia con un psicópata integrado?

Uno de los sentimientos más difíciles de superar es la impotencia que siente la víctima de un psicópata integrado al haber sido ultrajada emocionalmente y ver que la otra persona permanece impune, como si el "mal" hubiera ganado. Muchos se sienten acabados, engañados y vacíos, como si les hubiera chupado toda la sangre. Si te sirve de consuelo, al menos no volverá y si lo intenta, tienes todas las razones para no abrirle ni la puerta. Por otra parte, el retomar una vida sin el sufrimiento de una persona que constantemente estaba causando tensiones e inseguridades innecesarias te hace valorar ahora más las cosas que tenías antes y todo lo bueno que te rodea y que no tomabas tanto en cuenta.

> *"Con el psicópata descubrí un lado oscuro que nunca pensé que existía, pero también aprendí a agradecer más a toda la gente buena que me rodea y a la que nunca le presté la suficiente atención." (Víctima de PI)*

Avisar a la nueva pareja de tu expsicópata no es aconsejable, probablemente va a ponerla sobre aviso y siguiendo su juego sin saberlo, la nueva víctima va a pensar que quieres seguir con él. Alejarte de todo lo relacionado con él es lo más aconsejable, tanto de su círculo de amigos, que siempre han sido testigos de sus acciones destructivas, como de aquellos tuyos que han sido "infectados" por él. Desde luego, si tienes la oportunidad de aconsejar a otra de sus ex que ya ha sufrido el abandono y convencerla de que vaya a terapia, te lo agradecerá infinitamente.

> *"Tres años tras acabar mi relación con él me dijeron que había dejado a su novia, pedí a una amiga en común que le pasara el teléfono de mi psicólogo sin que supiera que era yo. A los 8 meses recibí una llamada de ella, quedamos y nos dimos cuenta de que*

había repetido el mismo patrón de compartamiento con las dos. Nos volvimos cómplices de por vida, habíamos sobrevivido a un psicópata." (Ex de PI)

Definitivamente nuestra sociedad está creando un caldo de cultivo ideal para el crecimiento de este tipo de personas. Antes las comunidades eran pequeñas y se les acababa identificando fácilmente, pero ahora con el exceso de movilidad y las redes sociales, andan a sus anchas de víctima en víctima.

Por otra parte, vivimos en una sociedad que premia los valores narcisistas, nos la pasamos aparentando. Ahora usar a otras personas para lograr nuestros fines se ha vuelto una rutina, en la que no muchos se detienen para cuestionar que esto es un acto detestable.

Se confunde tener una autoestima adecuada con ser arrogante y sentirse superior al resto, haciendo así sentir a la gente humilde que no cree en ellos lo suficiente al no estar constantemente pregonando sus éxitos.

Si antes llamaba la atención un narcisista precisamente por ese exceso de egocentrismo que lo convierte en un ser egoísta, ahora incluso se alaba esa autoconfianza. Nuestra sociedad riega y abona los rasgos narcisistas, la gente se autoproclama una profesión sin haber pasado ningún tipo de control y están creando un sinfín de gurús o coaches motivacionales que aprovechan la vulnerabilidad emocional de muchos para hacerlos sus siguientes víctimas.

Puede que al acabar de leer esto tengas la sensación de que hay una gran cantidad de psicópatas en tu vida. Esto no es cierto, hemos hablado de muchos rasgos de psicopatía y un rasgo no hace al psicópata. Te lo pongo más senci-llo, para que un plato sea paella tiene que tener algo más que arroz, también necesita caldo, mariscos, azafrán, que se cocinen los ingredientes con cierto orden y que se haga en una paellera. Al igual que con la paella, a un psicópata no lo hace solo un rasgo sino una combinación de muchos siendo la falta de empatía el rasgo más importante, como el arroz en la paella.

Por otra parte, para que haya oscuridad tiene que haber luz y existe gente que también está en el polo opuesto del psicópata, gente verdaderamente buena y empática.

Afortunadamente los psicópatas integrados todavía si-guen siendo una minoría pero por desgracia el alcance de su daño es cada vez mayor. Ser concientes de que hay psicópatas integrados nos debe volver más activistas a la hora de defender o proteger a la gente más vulnerable y limitar su alcance. Juntos podemos evitar que una minoría de gente mala se salga con la suya.

A DOS PASOS DE LA

CORDURA

TÚ

TODOS ESTAMOS CERCA

A DOS PASOS DE LA CORDURA

U n estornudo no hace un catarro, pues lo mismo sucede si alguna vez viste u oíste algo que nunca nadie percibió, no te asustes, no estás loco.

Aunque no lo creas, hay situaciones de extremo estrés o muy traumatizantes que nos pueden llevar al límite, provocando alucinaciones visuales y auditivas. En ocasiones hay gente que acaba de perder a un ser querido y asegura que lo oyó, o que tras vivir un terremoto veas que la lámpara se mueve, aunque la persona que está a tu lado lo niegue. Estar sugestionados por algo y tener mucho estrés nos puede llevar a ver lo que no existe. Eso no quiere decir que estemos locos, sino que esa situación en particular nos llevó a ese extremo. Si echamos el freno de mano a tiempo podemos recuperar el control y evitar que nuestros pensamientos se vayan por un camino que no nos gusta.

Al igual que un ataque de pánico se puede volver un trastorno de pánico por la obsesión de que no vuelva a ocurrir, lo mismo pasa con los trastornos mentales. Si has vivido una situación traumática te puede pasar que creas que ves a una persona a la que le tienes miedo. Esto te puede hacer responder de una manera desproporcionada y salir corriendo aterrorizado o pensar que te estás volviendo loco. La realidad es que en situaciones de extremo estrés activamos inconscientemente recuerdos de personas tanto queridas como "odiadas".

Lo que voy a contar a continuación ni la gente más cercana a mí lo sabe, pero creo necesario que yo también salga del "clóset" de la cordura. Todavía recuerdo la visión terrorífica de una profesora de mi niñez, "la hermana Rojas", una mujer de mirada profunda, siempre vestía de negro y yo diría que era un poco sádica a la hora de entregar nuestras calificaciones. Recuerdo que decía tu nombre, te miraba fijamente, hacía una pausa y empezaba a mover su dedo lentamente de un lado a otro para indicarte que no habías pasado el examen. Aún recuerdo el nudo en el estómago que me causaba esa situación. Cuando estaba en el primer año de la carrera, la noche antes del examen de psicometría se aparecía la hermana Rojas justo antes de irme a dormir. La imagen era muy vívida y terrorífica, me miraba fijamente y movía el dedo con su estilo tan peculiar. A la tercera vez que se me apareció decidí que no podía seguir así, tenía que hacer algo.

Tomé la acertada decisión de ir a un psicólogo cognitivo conductual, quien me derrumbó todas las teorías psicoanalíticas que enredaban mi cabeza con una teoría de conspiración familiar con la hermana Rojas. Me ayudó a identificar las situaciones, las ideas y los miedos que tenía. A través de la respiración y ejercicios mentales me enseñó a poner en jaque a la maldita hermana Rojas que, además, nunca supo valorar mi inteligencia creativa. Entendí lo que me pasaba, el estrés de los exámenes me hacía pensar que podía fallar y yo sola, inconscientemente, activaba esa imagen que asociaba desde niña con el fracaso. La hermana Rojas volvió justo la noche antes de tener a mi hijo, esta vez no me aterroricé, la miré, respiré profundamente y me dije: "Ojalá pudiera estar ahora haciendo un examen y no de parto", hay que tener sentido del humor hasta con las alucinaciones.

Esto no acaba aquí, el día del sismo en la Ciudad de México la zona por donde yo vivo quedó fuertemente afectada y subir de nuevo a mi casa me aterrorizaba. Cuando por fin me dejaron entrar, crucé la puerta y lo primero que vi fue a mi padre, quien hace más de cinco años que ha muerto. Lo vi claramente en el pasillo y me dijo: "Entra, coño, ¡no te acojones!". ¡No había duda de que era él! Esto no es una historia de muertos vivientes, es una historia de una cabeza traumatizada que necesitaba conseguir la seguridad que le faltaba de la persona que más seguridad le daba. Entré, lo vi, respiré, me tranquilicé y con cierta tristeza lo miré y lo dejé ir.

He aprendido a abrazar mi locura y más que nada mi naturaleza. Ya entiendo que no reacciono bien si estoy estresada y que necesito pensar en alguien que me quiere cuando tengo miedo.

Sabiendo esto ahora cuando voy al dentista los invoco, ¡sí, mi padre y mi abuela me acompañan al dentista! Sentir que los tengo cerca, aunque sepa que se han ido, me da el valor que yo "sola" no tengo para enfrentarme a mi mayor miedo, "el sacamuelas".

Rechazar algo es hacerlo más grande. Así como para tratar las fobias durante el proceso se expone a la persona al estímulo que teme, lo mismo tenemos que hacer con nuestras locuras, mirarlas de frente. ¿A qué le tienes miedo?

Si eres una persona que sabes que tienes tendencia a padecer depresión, acéptalo, pero no para caer en el pozo del victimismo, sino para tener bien identificado cuando estás en riesgo y mantener el peligro a raya. La parte más importante de cualquier padecimiento mental es la aceptación. Si escuchas voces, si estás triste o si te obsesionas con cosas que son impensables, plántales cara en vez de negarlas y huir. Abrázalas y verás que en ese momento empiezan a hacerse más pequeñas. El decir a tu mente que no piense en algo provoca justo lo contrario, que lo piense, pero con la ansiedad añadida de sentirse mal por pensar en eso que rechaza.

Teniendo esto claro y habiendo leído todos los padecimientos que hay en el libro, ante cualquier sospecha acude a un psicólogo o psiquiatra, no vayas con nadie que pueda hacer de un copo de nieve una gran avalancha. Aunque aún no lo creas, tomados a tiempo, la mayoría de esos padecimientos son más sencillos de resolver de lo que pensamos.

Qué esperar de un especialista

Una vez aceptado que algo "raro" te pasa y has decidido ir al psicólogo o al psiquiatra, dales un voto de confianza, es decir, ten paciencia. La evaluación y el diagnóstico toman su tiempo incluso para llegar a la conclusión, en muchos casos, de que no te pasa nada. Pero al igual que a veces cuando te hacen análisis de sangre te dicen que todo está bien pero que puedes necesitar alguna vitamina, el especialista en salud mental te puede recomendar una pequeña terapia de "refuerzo" emocional.

Nunca tengas miedo de preguntar qué te pasa exactamente, pregunta todo lo que dudes y también qué esperar de la terapia, si al especialista no le gusta que lo cuestiones es una señal de alarma.

Tampoco dudes en preguntar cuánto tiempo vas a tener que estar en terapia, salvo algunos padecimientos que necesitan ser controlados periódicamente, la mayoría no debe prolongarse por tiempo indefinido, siendo la duración media entre cuatro y nueve meses. Sí es importante que sientas una mejoría a partir de los dos o tres meses, dale ese tiempo al especialista para que pueda trabajar contigo y si luego no te gusta, cambia. También te tiene que hablar de sus expectativas sobre el tratamiento. Si te dan fármacos pregunta bien las dosis y para qué sirven. Si tú sabes para qué son estarás más motivado a tomarlos. A veces un especialista puede ser bueno pero no adaptarse a ti, por ejemplo, en mi caso, con cualquier experto al que le incomode una pregunta ya sé que no me voy a sentir bien y prefiero acudir con otro.

Por otra parte, hay algunos padecimientos que vienen para quedarse o conllevan una desconexión con la esencia de la persona, éstos son los que más cuesta aceptar tanto por parte del paciente como de sus familiares. El Alzheimer es uno de ellos porque poco a poco vas dejando de reconocer a las personas que amas y ellas a ti. Si somos nuestros recuerdos, nuestro ser querido muere en vida y un poquito de nosotros también. Éste es uno de los procesos más dolorosos tanto para el enfermo como para sus familiares pues se dan dos duelos paralelos, el de la persona que lo padece y que al principio puede reconocer los síntomas y el de sus familiares que van a vivir cómo su ser querido se desvanece y quedan al cuidado de un gran dependiente.

Es tremendamente doloroso pero que una enfermedad no se cure no significa que haya que resignarse, si pedimos ayuda y aprendemos qué y cómo hacer podemos ralentizar su evolución, lograr menos dolor, menos efectos colaterales y hasta que sea una experiencia muy enriquecedora personalmente. Abraza tu enfermedad pues es parte de ti y también te puede dar frutos, no es ninguna sorpresa que muchos grandes artistas hayan padecido desequilibrios emocionales cuyo fruto han sido grandes obras de arte.

ACCIONES QUE AYUDAN A INMUNIZARTE DE LA LOCURA

Estamos sobresaturados de mensajes, imágenes y ruidos que resultan en una hiperactivación de nuestro cerebro, manteniéndolo en un estado de alerta constante. Buscamos alcanzar metas o conseguir un objetivo para que, una vez alcanzado, nos pongamos otro inmediatamente sin darnos el tiempo ni de disfrutar lo conseguido, ni el camino que nos llevó a ello. A veces nos podemos sentir como el ratón de laboratorio, corremos cada vez más rápido en una rueda que no nos lleva a ningún sitio pero que nos deja exhaustos.

La realidad es que estamos en una sociedad enferma y si no ponemos claros límites, acabará por contagiarnos. Es vital desarrollar habilidades sociales para aprender a proteger nuestros espacios, nuestras emociones y decir no cuando es necesario. También es vital aplicar un filtro de incredulidad a todas las imágenes y mensajes que nos llegan, en la mayoría de los casos con el claro objetivo de bajar nuestra autoestima y que haya un producto que nos la "devuelva". La clave es volvernos más vulnerables, más inseguros, para que dependamos cada vez más de una sociedad insaciable que corre muy rápido pero que no sabe a dónde va.

Si de verdad no quieres enfermarte es importante que seas consciente de que nuestro entorno es tóxico y que debes de crear una burbuja que te proteja de todo aquello que te puede hacer daño a ti y a la gente que amas. Tú puedes salir de ella y tú vas a decidir conscientemente qué y quién entra, de ahí la importancia de poner límites.

Mientras que cada vez estamos más prevenidos de las enfermedades físicas, utilizamos vacunas que nos protegen de enfermedades y los entornos son más higiénicos, nuestro ambiente nos hace más vulnerables a sufrir un padecimiento mental. Por eso es tan importante que seamos conscientes de que tenemos que inmunizarnos de la mejor manera posible de todo aquello que nos puede poner en un estado de estrés y vulnerabilidad emocional. Las siguientes acciones, si las prácticas semanalmente, te ayudarán a fortalecerte emocionalmente.

Come y duerme bien

Le quitamos mucha importancia al dormir sin saber que la falta de sueño no sólo provoca más ansiedad, sino que nos hace más irascibles y agresivos. Pocos saben que la falta de descanso acaba desequilibrando nuestro cerebro y lo hace más vulnerable a detonar un trastorno mental más grave. Dormir es una manera de resetear tu mente, lo necesitas, quitarse horas de sueño es quitarse equilibrio y salud mental.

Y aunque sea un tema conocido pocos lo tenemos interiorizado realmente; si no comes sanamente todo tu organismo se ve afectado negativamente. Se produce un efecto dominó, tu sistema hormonal acaba mandando señales a tu cerebro y hace que los neurotransmisores encargados de regular nuestros procesos mentales y emociones se desequilibren.

Dedícate una hora diaria y pon límites a tus dispositivos

Aunque nuestra mente se adapta rápidamente a todos los cambios tecnológicos, a nivel emocional somos todavía como el hombre de las cavernas. El efecto de los dispositivos móviles y las redes sociales puede ser devastador si no sabemos poner límites.

Evita estar conectado todo el día a tu teléfono y redes sociales pues te hacen estar en alerta constante, provocando una sobreestimulación sensorial que te vuelve más sensible y agresivo. A partir de cierta hora desconéctate de tu teléfono porque tu cuerpo necesita dejar de estar en modo de alerta, tanto para buenas como para malas noticias. El teléfono tiene que estar lejos del dormitorio ya que cualquier sonido que emita puede despertarte y romper tu ciclo de sueño. Cuando despiertes dedica al menos 10 minutos de respiraciones profundas antes de empezar cualquier actividad, no mires el teléfono hasta después de haberte duchado y desayunado, es vital que te des tus propios tiempos para conectarte contigo mismo. No dejes que tu teléfono dicte el ritmo y las emociones con las que vas a empezar el día, recuerda que tú decides dónde poner tu atención y tus pensamientos. Cuando despiertas y miras inmediatamente el teléfono, le estás entregando el control de tu vida a otros.

Practica ejercicio

El ejercicio, además de mantener nuestro cuerpo sano, es un gran estimulante de los estados de ánimo positivos. En el estado de naturaleza estábamos en movimiento constante y nuestros músculos son los mismos que los de nuestros ancestros, necesitan estar activos. Algunos llaman al ejercicio el *doping* de la felicidad. Cuando lo practicamos el cerebro libera sustancias (dopamina y endorfinas) que producen una sensación real de bienestar, además de darnos una dosis de energía y disminuir el estrés.

Ten una relación sana con tu sexualidad

El sexo es uno de los grandes creadores de tabúes y traumas de las personas, es increíble la cantidad de trastornos mentales que la gente tiene asociados a un acto que es natural y que nuestras cabezas calenturientas y culposas lo han vuelto sucio y oscuro. Tengas la edad que tengas reta todas las ideas que te han limitado para vivir tu sexualidad plenamente y compartir el placer con otro ser humano. Tener una relación sana con tu sexualidad es inmunizarte contra muchos traumas y mejorar tus relaciones. Muchos vínculos afectivos tan necesarios como un simple abrazo son procesados por mentes calenturientas como actos sexuales, incluso en algunos países se les prohíbe a los niños que se abracen impidiéndoles el contacto emocional necesario para que crezcan sanamente. Cada vez son más los psicólogos que dan una gran importancia al contacto físico, como primates lo necesitamos y aunque hay que respetar las reglas, es importante la cercanía corporal y demostrar el cariño más allá de las palabras. Esto no tiene que tener ninguna connotación sexual, y un abrazo afectuoso o un apretón de manos pueden ofrecer más apoyo emocional que cualquier palabra. Es una forma de conexión siendo conscientes de nuestro cuerpo y el de la otra persona.

Por otra parte, merece la pena recordar lo bueno que es practicarlo, pues además de ser un gran ejercicio y generar serotonina y endorfinas, te hace sentir bien contigo mismo. No tener pareja no tiene por qué ser un obstáculo para disfrutar del placer erótico. Tengas la edad que tengas, no te niegues el placer de disfrutarte a ti mismo: practica el autoerotismo, o como yo lo llamo "auto homenaje erótico", ya que tiene efectos muy positivos tanto a nivel emocional como físico.

Conéctate con la naturaleza

Es increíble el bien que hace salir y tener contacto directo con la naturaleza, nos conecta con nuestro yo más esencial, nos ayuda a reiniciarnos emocionalmente y nos da una perspectiva distinta de nuestra realidad poniendo todo en su justo lugar. Conectarse con la naturaleza es conectarse con uno mismo. Los animales también ayudan, pues a través de su compañía nos conectamos más con nosotros mismos y nuestro entorno.

Practica ejercicios de relajación y *Mindfulness*

Antes hacer ejercicios de relajación o practicar yoga era cosa de "hippies" pero en nuestra sociedad, en la que todos estamos saturados de información y estimulación, tendría que ser asignatura obligatoria en todas las escuelas. Ante un bombardeo de estímulos, los ejercicios de relajación y de *Mindfulness* nos pueden proteger de caer en estados ansiosos o de hiperestimulación que nos lleven a un desequilibrio emocional.

Explicado de una manera sencilla, el *Mindfulness* es una técnica que ayuda a tomar conciencia de lo que sentimos, experimentamos o sucede a nuestro alrededor. La práctica de *Mindfulness* nos da la oportunidad de tomar las riendas de nuestros pensamientos y emociones a través de unos ejercicios de respiración y focalización. Es una práctica que tendríamos que hacer todos los días pues con ella nuestra forma de pensar y reaccionar se transforma muy positivamente, muchos dicen que les devuelve su centro de gravedad.

Practicar el *Mindfulness* es relativamente sencillo, pero requiere de paciencia y es recomendable que inicialmente te guíe un experto. Se practica sentado, tumbado o en una posición en la que la persona se sienta cómoda. Se empieza tomando conciencia de la respiración, de nuestro cuerpo y de nuestros pensamientos. Se trata de ser consciente de cada sensación que nos da nuestro cuerpo ya sea placentera o dolorosa, de cada emoción, de cada pensamiento, y siempre sin juzgarlos o intentar neutralizarlos.

Si lo practicas de 15 a 25 minutos todos los días empezarás a notar cambios que incluso podrían detectarse con técnicas de imagen cerebral. Sentirás que tu nivel de atención es mayor y que tu memoria mejora, también notarás que regulas mejor tus emociones y puedes tomar distancia de lo que te está pasando diariamente. Inicialmente empiezas contigo mismo y con el tiempo empiezas a aplicar esa conciencia plena en todos los ámbitos de tu vida.

Nutre tu círculo de amistades y aprende a pedir ayuda

Las verdaderas amistades son imprescindibles en nuestras relaciones y digo verdaderas amistades porque ahora la mayoría tenemos cada vez más contactos y menos amigos reales. Y no es que tengas que compartir tu tiempo únicamente con tus mejores amigos, pero sí con gente que te alimenta. Una amistad positiva es aquella donde quieres a la persona por algo y no para algo. Es importante que aunque tengas pareja o una familia excepcional hagas un espacio para tus amigos, pues ellos te permiten desarrollar y reencontrarte con otras facetas tuyas. Por otra parte, nunca dudes en pedir ayuda, hacerlo no es un acto de debilidad sino todo lo contrario, de valentía.

Para salir del pozo oscuro en que hemos caído necesitamos que alguien tire desde arriba de nosotros. Aceptar que solos no podemos es el primer paso que nos aleja de la locura.

ACTIVIDADES QUE TE ALEJAN DE LA LOCURA

● Ten contacto pleno con la naturaleza una vez por semana	
● Practica ejercicio 4 veces por semana	
● Limita el uso de tu teléfono y redes sociales.	
● Practica ejercicios, relajación o *Mindfulness* todos los días	
● Duerme lo suficiente y ten una dieta sana	
● No trabajes más de 8 horas diarias	
● Conéctate con tus seres queridos (mínimo 1-2 horas al día)	
● Queda con tus amigos (mínimo 1 vez por semana)	
● Ten una relación sana con tu sexualidad (mínimo 1 vez)	
● Dedícate tiempo a ti mismo (1 hora al día)	

Intenta dar un ✔ a todos cada semana. (No siempre se puede pero te ayudará mucho)

Y MI LOCURA FINAL...

Mi intención al escribir este libro es que abraces la locura. Que ames a la loca o loco que llevas dentro. Que rasques en tu interior y lo saques todo y si llegas a encontrar un resquicio de tu locura personal que te impide ser feliz, no lo ignores o lo escondas, enfréntalo y ponlo en su sitio. Aquí te doy las pautas básicas para ayudarte a detectar, entender y saber con quién acudir.

Aunque no son todos los que están, están todos los que son. Lo que quiero decir es que he incluido aquellos padecimientos que la mayoría podemos sufrir en algún momento. Me hubiera encantado hablar de muchos más, pero esto implicaba hacer el libro mucho más grande y sería más difícil que llegara a tus manos. Ahora bien, si te interesa cualquier información que no ha sido incluida, escríbeme y me encargaré de proporcionarte bibliografía personalmente.

Nuestra esperanza de vida ha aumentado y nuestra realidad es cada vez más compleja y enfermiza. Antes podías estar toda la vida sin exponerte a un estresor que te llevara a un trastorno mental, ahora la probabilidad de que todos padezcamos un problema de salud mental es alta. Ya no se trata de si te vas a topar con esa situación estresante que golpee tu lado emocional más débil, sino de cuándo va a ocurrir y cómo vas a enfrentarlo.

Si sabes que tienes una personalidad adictiva, busca tener hábitos sanos y aprende a indentificar cuál es tu punto de no retorno, ése en el que pierdes el control y decides drogarte. Si descubres antecedentes familiares de esquizofrenia es probable que seas más vulnerable a un desequilibrio químico en tu cerebro. Lo que probar una droga para unos es un mal o un buen viaje, para ti puede significar detonar esta enfermedad mental. Por otra parte, si eres muy nervioso y te preocupas en exceso por todo, aprender a controlar tus pensamientos y a relajarte puede prevenir que sufras de trastorno de ansiedad. O si tu autoestima es baja y no la mejoras, puedes acabar en relaciones enfermizas o en el peor de los casos, que te destroce la vida un psicópata integrado si no lo sabes identificar y neutralizar a tiempo.

La lectura de este libro se acabó, pero ahora empieza el camino más largo y más fascinante que es el de descubrir tus vulnerabilidades y los detonantes de "tu locura". Con tu autoconocimiento y lo proporcionado en este libro deseo que desaparezca de tu cabeza el oscurantismo asociado a los padecimientos mentales. Que el miedo y el rechazo se trasformen en un abrazo a las fascinantes luces y sombras que todos tenemos.

AGRADECIMIENTOS

Hay tanta gente a quien deseo dar las gracias que me haría falta otro libro y empiezo disculpándome a todos aquellos que no incluí. Mi primer agradecimiento es a dos mujeres, ambas inteligentes y fuertes que creyeron en mí y sobre todo que tuvieron la valentía de luchar por mí, Raquel Rocha y Patricia Schneider. En los momentos en que yo me sentí más pequeña me hicieron sentir grande.

A nivel personal me gustaría agradecer a mi amigo Oscar Pertusa por no tirar la toalla y afrontar una situación tan dura de una manera tan valiente. Gracias a toda mi familia, en especial a Ángeles Marín, por haber cuidado de mi madre como si fuera suya, y a Alba García, una gran maestra en todos los sentidos. También me gustaría agradecer a mi cómplice de vida, Margarita Olmedo, y a la familia Pérez Caballero por hacerme sentir siempre bienvenida. También gracias a mis dos personas favoritas en Los Ángeles, Carlos-López Estrada, por hacerme volar, y Victoria Riego, por aterrizarme cada vez que nos vemos. Gracias a dos grandes amigos, Susy Rodríguez y Andrés Berkstein, diez años yendo y viniendo, haciéndome siempre sentir bienvenida, les quiero. Sin olvidar a Brian MacMahon, justo el polo opuesto de los psicópatas integrados.

Este libro no hubiera quedado tan bello sin la ayuda de un maravilloso diseñador, Javier Nuño, quien hizo las mini Silvia con tanto cariño. La parte de demencias fue escrita por la psicogerontóloga Carmen Aparicio Navarro, gracias por ese gran amor que tienes por la memoria emocional de la humanidad, los mayores.

Imposible que este libro hubiera sido así de enriquecedor sin el apoyo de David García Escamilla, un gran amigo, visionario, genio y editor. Gracias por nunca dejarme sola y sobre todo por acompañarme en este vuelo que sé que te daba un poco de vértigo.

También quiero agradecer a toda la gente que comparte su vida conmigo en mis redes sociales, este libro se hizo gracias a vosotros. Son la respuesta a los múltiples testimonios y preguntas que me dejaron en mi Facebook e Instagram, confío en que hayan encontrado la respuesta que buscaban.

Por último a ti, mi lector, por seguir conmigo después de cinco libros y más de doce años de carrera dedicada a la divulgación. Mi intención nunca fue darte soluciones rápidas y deslumbrantes, sino que inicies un camino de autodescubrimiento que te lleve a los más oculto de tu ser, con tus luces y tus sombras. Que sigas conmigo es un honor, una valentía y te lo agradezco profundamente.

Yo llegué a la psicología de la mano de un libro que me regaló un amigo y gracias a él mi vida dio un giro de 360 grados. Los libros son regalos de vida y si al terminar este crees que a alguien le podría hacer girar "un poquito" la suya, préstaselo. Uno nunca deja de agradecer a aquella persona que le abrió los ojos y le hizo mirar el mundo de otra manera. Gracias, Javier.

BIBLIOGRAFÍA

Más que una escritora me considero una divulgadora, mi labor es hacer que la información de muchos expertos se vuelva significativa y que así tú puedas implementar cambios en tu vida. Si te has quedado con las ganas de profundizar más sobre algún tema, aquí tienes una lista de libros que te ayudarán a ampliar tus horizontes.

R. González Maldonado, "El extraño caso del Dr. Alzheimer". Grupo Editorial Universitario.

Enrique Rojas, "La ansiedad". Ed. Planeta.

Cesar Landaeta, "Aprendiendo de los psicópatas". Ed. Edaf.

Miguel Ángel Rizaldos, "Guía para papás y mamás en apuros". Ed. Vital Editores.

Martin Seligman, "Indefensión". Ed. Debate.

Martin Seligman, "La auténtica felicidad". Ed. Zeta de bolsillo.

R. Alberca Serrano y S. López-Pousa, "Enfermedad de Alzheimer y otras demencias". Ed. Médica Panamericana.

Vicente E. Caballo, Isabel C. Salazar, José Antonio Carrobles, "Manual de Psicopatología y Trastornos psicológicos". Ed. Pirámide.

Pozueco Romero José Manuel, "Psicópatas Integrados". Ed. EOS.

Robert D. Hare, "Sin conciencia". Ed Planeta.

Antonios Ramos Bernal, "Diario de una enfermedad mental". Ed. ECU.

Robert D.Hare y Paul Babiak, "Snakes in suits. When psychopaths go to work". Ed. HarperBusiness.

Loretta Valle, " El día que decidí ser libre". Ed. Speakers México.

Miguel Ángel Jiménez-Arriero, "Manual de Psiquiatría". Ed. Tomás Palomo.

Silvia Olmedo, "Los Misterios del Amor y el Sexo". Ed. Aguilar, Penguin Random House Grupo Editorial.

Carmen Aparicio Navarro, "Diseño y aplicación de campaña de seguridad vial para mayores". Ed. Universidad de Salamanca.

Silvia Olmedo, "Détox Emocional". Ed. Planeta.

Robert Sapolsky, "Memorias de un primate". Ed. Alianza.

Robert Sapolsky, "¿Por qué las cebras no tienen úlcera?" Ed. Alianza.

Susan Forward "Chantaje emocional". Ed. Grijalbo.

Bev Aisbett, "Convivir con el pánico". Ed. Éxito.

Manuel J. Smith, "Cuando digo no me siento culpable".

Silvia Olmedo es doctora en psicología, sexóloga y diplomada en psicología forense. Con 4 millones de seguidores en sus redes, cuatro bestsellers y una trayectoria de más de doce años ininterrumpidos en televisión dedicada a la divulgación, su quinto libro es un viaje al mundo de los padecimientos mentales.